中学入試

分野別

\ 集中レッスン /

国語 読解力

海老原成彦［編著］

文英堂

はじめに

「まったくの初歩《しょほ》から、難関《なんかん》中学に合格《ごうかく》できるレベルにまで到達《とうたつ》するために必要《ひつよう》なことのうち、もっとも大切なことをできるかぎり短時間で身につける。」

これが本書の目的《もくてき》です。国語がのびなやんでいる人、国語の上手な勉強方法《ほうほう》がわからない人、そしてこれから受験《じゅけん》勉強を始めようとしている人、それぞれの人たちにとって、大切なことだけをムダなくトレーニングできるようになっています。

人間の脳《のう》は、単純《たんじゅん》に暗記した知識《ちしき》や解《と》き方《かた》よりも、自分で考え、そして気づいたことの方を結果《けっか》としてよく記憶《きおく》しているものです。そのため本書も、さまざまな形式の設問《せつもん》を解くことを通して、知識や解き方が身につくように構成《こうせい》されています。

長文読解《どっかい》は入試《にゅうし》問題の中でも配点が大きく、合否《ごうひ》を左右する重要《じゅうよう》な分野です。本書は、「文章の読み方」「設問の解き方」を車の両輪《りょうりん》に見立て、両方がともにレベルアップしていくように構成されています。その中でも、正確《せいかく》に文章内容《ないよう》を読み取り、着実に問いに答えられるように、「具体的《ぐたいてき》な方法論《ほうほうろん》」に強くこだわり、各項目《かくこうもく》に小学生のみなさんにも習得《しゅうとく》できるようなテクニックを示《しめ》しています。入試を目前にした受験生《じゅけんせい》は、2章以降《いこう》を必要に応《おう》じて進めることで、読解力の最終《さいしゅう》チェックとして役立てることもできます。

本書が、みなさんが夢《ゆめ》をかなえるための一助となることを願《ねが》ってやみません。

編著者《へんちょしゃ》

この本の特色と使い方

『中学入試　分野別集中レッスン　国語』シリーズは、中学入試《にゅうし》の国語で必要《ひつよう》とされる四つの力（読解《どっかい》力、漢字・文法《ぶんぽう》力、語彙《ごい》力、記述《きじゅつ》力）を、それぞれ、短期間でレベルアップさせることを目的《もくてき》に作られました。

1. ていねいな解説《かいせつ》と「やってみよう」で受験《じゅけん》国語のコツが身につく

「ステップ1」「ステップ2」と段階《だんかい》をふんで、わかりやすく解説し、最後《さいご》に「ポイント」として、大事なことをまとめています。この「ステップ」や「ポイント」を読みながら、「やってみよう」に取り組みましょう。解説されている内容《ないよう》が具体的《ぐたいてき》に理解《りかい》でき、「こうするといいんだ」と実感できます。

2. 工夫《くふう》された「ガイド付《つ》き練習問題」

練習問題は、読み方のガイドをつけた「ガイド付き練習問題」です。最初《さいしょ》に問題文を読みます。次にガイドを、問題文と照《て》らし合わせながら確認《かくにん》して、問いに答えます。問題文のどこに注目すればよいのかが具体的に示《しめ》されているので、正解《せいかい》の導《みちび》き方がわかります。問題文中の赤の文字は線の引き方のヒントです。

3. 精選《せいせん》された「入試問題にチャレンジ」

各章最後の「入試問題にチャレンジ」は、むやみに難《むずか》しい問題ではなく、この本を選《えら》んでくれる人は、今どんなレベルで、どんな力をつければ合格圏《ごうかくけん》内に近づけるかを考えぬいて選ばれた良問ばかりです。

もくじ

1章 長文を読むときの心がまえ

2章 物語文の読解《どっかい》

5章 詩の読解《どっかい》

6章 問題を解《と》くときの心がまえ

1 書きことばになれよう

ステップ1 話しことばと書きことばは使いみちがちがう。

話しことば＝ふだんの会話で使うことば
書きことば＝文章に書き表すときに使うことば

キミたちがふだん使っていることばには、「話しことば」と「書きことば」があります。もし、話すときに「書きことば」を使うと、まるでテレビのアナウンサーの話しぶりや政治家《せいじか》の演説《えんぜつ》のようで、少し改《あらた》まった感じがするでしょう。

話しことば＝「田中君、あのマンガおもしろかったよ。」
書きことば＝一〇日前に教えてくれたマンガはおもしろかったと田中君に伝えた。

反対に、文章を読んで理解《りかい》するためには、「書きことば」になれる**必要《ひつよう》があります。**

文章の中でも、物語文などの会話の場面では「話しことば」が使われます。

↓ やってみよう1

やってみよう1

[例]のように、話しことばを書きことばに変えたとき、①と②の□に入ることばを答えよう。

[例]「きゃーっ！　見て見て、あのおばさんが連《つ》れているちっちゃい犬、すごくかわいくない？」
→ 女の人が連れている小さな犬がとてもかわいらしかったので、いっしょにいた友人に教えてあげた。

①「みんなで校庭に出て遊ぼうよ。」
→ 校庭に出て遊ぼうとみんなを□。

②「もうねむいから宿題やらないでねちゃえ。」
→ ねむくなったので宿題をやらずに□にした。

答え　①＝さそった（誘った）　②＝ねること（寝ること）

ステップ2

書きことばの特徴《とくちょう》＝目の前にいない相手にも伝《つた》わるようにきちんと説明《せつめい》する。

もともと「話しことば」は、伝える相手が目の前にいますから、必《ひつ》要《よう》なことを口にするだけで、おたがいの会話は十分なり立ちます。しかし、「書きことば」は伝える相手が目の前にいるわけではないので、必要なことをすべてことばにしなければなりません。

ポイント1

書きことばは、主語《しゅご》(だれが・何が)と述語《じゅつご》(どうする・何だ)をしっかりと追って読もう。

「だれがどうした」「だれがどんなだ」「だれは何だ」といった主語と述語のつながりを意識《いしき》することが「書きことば」を読むときには大切です。一つの文章を読むということは、文を読みつないでいくということです。面倒《めんどう》がらずに一文一文、主語と述語をしっかり追って読み進めていきましょう。

↓ やってみよう2

やってみよう2

次の①〜④の文の主語《しゅご》(だれが・何が)と述語《じゅつご》(どうする・何だ)を答えよう。

① 今年の春は暖《あたた》かかった。
② 日本は平和で豊かな国だ。
③ 読書好きな母に似《に》て、妹もひまさえあれば本を読んでいる。
④ 医学の進歩によって、人間は健康《けんこう》で長生きできるようになった。

答え

①＝主語：春は　述語：暖かかった
②＝主語：日本は　述語：国だ
③＝主語：妹も　述語：読んでいる
④＝主語：人間は　述語：なった

♫ 主語や述語にかかってくわしく説明する(修飾《しゅうしょく》する)ことばをのぞいて考えよう。

2 背筋《せすじ》をのばして読もう

ステップ1

文章は、ことばが順序《じゅんじょ》よくつながってできている。

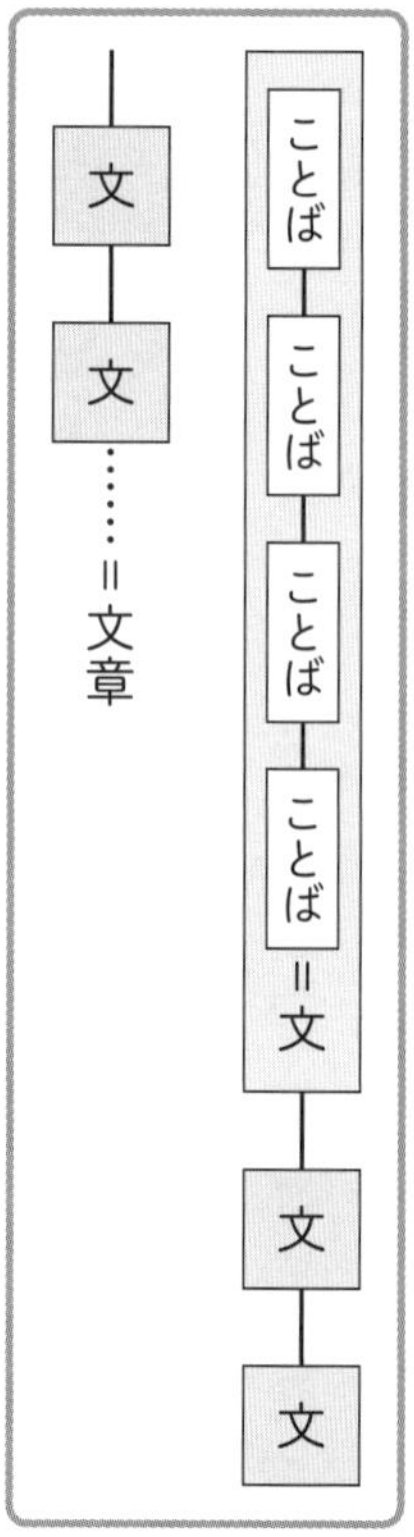

「話しことば」なら「お母さん、ごはん！」「先生、トイレ！」と言うだけで相手に伝《つた》わりますが、「書きことば」でそれをやっては読む人に何も伝わりません。文章には、何十何百もの文が、そして何百何千ものことばが、**きちんとならんでいる**のです。一つの文章を読みきるのは、本当に大変《たいへん》なことなのです。大変だと言っても、文章を書いた人は何とかして自分の考えていることを正確《せいかく》に伝《つた》えようとして、さまざまな工夫《くふう》をしてくれています。

→ やってみよう1

やってみよう1

次の文章のどこに「　」と。（句点《くてん》）を入れるのがふさわしいか答えよう。

早く起きなさい学校におくれるわよという母の声で目をさました私《わたし》がのろのろとしたくしているのを見て姉はあきれた顔をしていた人一倍のんきな私はのろのろと朝食をすませたそしてようやく家を出て学校にむかった

答え　「早く起きなさい。学校におくれるわよ。」という母の声で目をさました。私がのろのろとしたくしているのを見て姉はあきれた顔をしていた。人一倍のんきな私はのろのろと朝食をすませた。そしてようやく家を出て学校にむかった。

やってみよう2

次の文章を読んで、あとの問いに答えよう。

日本の子どもたちが夢《ゆめ》をもてないのはなぜだろう。
最近《さいきん》、新聞やテレビで報道《ほうどう》されたことだが、日本の小中学生は

ステップ2

物語文では「場面」、説明文《せつめいぶん》では「段落《だんらく》」が一つのまとまりになっている。

章　文－文－文－文－文－文　＝場面・段落
文　文－文－文－文　＝場面・段落
…

その工夫《くふう》の一つが「文のまとまり」です。物語文では「場面」、説明文では「段落」がそれにあたります。

ポイント2

一つの場面・段落《だんらく》、文章全体を見渡すつもりで、背筋《せすじ》をのばして読もう。

ねそべった姿勢《しせい》で文章を読むと、顔が紙に近づき、目に入ることばの数が少なくなります。これでは、作者がせっかく作ってくれた「場面」や「段落」がわからなくなってしまいます。**文章を読むときには、**正しい姿勢で紙から顔を離《はな》し、できるだけ視野《しや》を広げて、**読み進めることがとても大切です。**

やってみよう２

外国の子どもたちにくらべると、将来《しょうらい》の自分にあまり大きな期待をしていない　ということが明らかになった。これは日本、中国、韓国《かんこく》、シンガポール、そしてアメリカの小中学生合わせて一〇、〇〇〇人に行った意識調査《いしきちょうさ》の結果《けっか》によるものだ。

中でも注目されたのが、自分で新しい仕事を始める「起業」に対する姿勢《しせい》だ。日本を除《のぞ》く国々の子どもたちの大半が、「チャンスがあれば　自分も起業してみたい」と思っているのに対し、同じ気持ちを持っている日本の子どもは、調査した範囲《はんい》の半数にも満《み》たなかった。

その原因《げんいん》として考えられることはさまざまあろうが、子どもだけのこととして考えてもあまり意味がないように思われる。広い世代のさまざまな人間が集まってできている社会では、子どもの意識に大人の姿《すがた》が影響《えいきょう》をおよぼさないはずはないからだ。だとすれば、先ほどの問いは子どもたちだけについてではなく、大人たちも実は同じ意識なのではないか、もしそうだとするなら、その原因は何なのかを考えることが必要《ひつよう》なのではないだろうか。

問　――線「先ほどの問い」とはどんな問いか、問題文からぬき出して答えなさい。

答え　日本の子どもたちが夢をもてないのはなぜだろう。

♪全体を見渡《みわた》しながら読むことによって、答えに必要《ひつよう》な部分が文章のどのへんにあったか、見当がつけやすくなります。

3 エンピツを持って読もう

ステップ1 読解《どっかい》は読書とちがい、問題を解《と》かなければならない。

キミたちの中に、教科書や問題集を手で持って、机《つくえ》にひじをついて読んでいる人はいませんか？　楽しみのために読む本やマンガならそれでもけっこうですが、勉強として文章を読むときにそんな読み方をしては困《こま》ります。なぜならキミたちは文章を読み、その後で読解問題を解かなくてはならないからです。

ステップ2 文章を何度も読み直す時間はない。チャンスは一度きり。

テストには制限《せいげん》時間があります。時間内にどれだけの問題に答えられるかによって、学力を測定《そくてい》する必要《ひつよう》があるからです。よく、テストが終わったあとで「もっと時間があったらできたのに」と言う人がいますが、時間はだれにでも平等ですから、なげいてみてもしかたありませんね。時間内に問題を全問解《と》ききるには、文章を一発勝負で理解《りかい》するしかありません。そのために絶対《ぜったい》に必要なことがあります。

やってみよう1

文章の中にある、前後が逆《ぎゃく》の内容《ないよう》（逆接《ぎゃくせつ》）であることをしめすつなぎことばを〈　〉で囲《かこ》もう。

音楽の演奏《えんそう》にも「日本人らしさ」が表れるのだそうだ。たとえば、ヨーロッパの演奏家は音楽にこめる「気持ち」を重視《じゅうし》するのだが、日本の演奏家はミスをおかさない「正確《せいかく》さ」を尊《とうと》ぶところがあるそうだ。ヨーロッパの人々にとって、もっとも大切なのは、作曲家の「気持ち」が観客《かんきゃく》に伝《つた》わるように、演奏家が表《ひょう》現《げん》できたか、ということである。しかし、日本では作曲家が作った楽譜《がくふ》を、まちがいなく演奏できたかが善《よ》し悪《あ》しを決める傾向《けいこう》がある。

答え　（3行目）〈だが〉　（6行目）〈しかし〉

やってみよう2

次の文章で「お笑《わら》いタレント」に関係《かんけい》のある段落《だんらく》を、印《しるし》をつけながら探《さが》して、番号で答えよう。

1　お笑いタレントというのが苦手である。なにかただもれという感じがして苦手である。お笑いタレントがぞろぞろ出てくるバラエティ番組というのはとくに苦手である。そんな番組が午前中も深夜もテレビを席巻《せっけん》し、おかげでテレビをだらだら観《み》る

ポイント3 線や印《しるし》、ことばなどの書きこみをして、読み進めながら文章をどんどん「よごす」こと。

たった一度きりの「読むチャンス」を生かすには、文章を読みながら大切だと思うところに線や印をつけていくことが必要《ひつよう》です。どんなに記憶力《きおくりょく》のすぐれた人でも文章全部を暗記することなど難《むずか》しいでしょう。ですから、忘れてもいいように、あとで思い出せるように「マーキング」をしていけばよいのです。はじめのうちはどこに線を引いてよいのかわからず、気がついたら文章全部に引いてしまった、そんなこともあるかもしれません。しかし、そんなことは気にせず、どんどん積極的《せっきょくてき》に線や印をつけていきましょう。

この本では、文章の種類《しゅるい》ごとに、適切《てきせつ》なマーキングの仕方を学んでいきます。

↓ やってみよう 1

↓ やってみよう 2

という習慣《しゅうかん》がなくなった。

2 漫才《まんざい》や落語がきらいなわけではない。テレビのない時代、わたしもまた漫才や落語を聞いて育った。ラジオから流れてくる話芸《わげい》というものが、わたしたちの耳をつかんではなさなかった。

3 漫才師《し》や噺家《はなしか》は、たわけた役回りに徹《てっ》することで、客に日《にち》常《じょう》の苦労《くろう》を忘《わす》れてげらげら笑《わら》ってもらう。じぶんを低《ひく》めて客に主人になってもらう。聞いてくれるひと、そのあなたが主人公、というわけである。客を心地よくさせる、それへの対価《たいか》として銭《ぜに》をいただく。笑ってもらってなんぼの世界だ。

4 バラエティ番組だと、笑わす者も笑う者も画面のなかにいる。これは番組のつくり方としてとても下手なやり方だとおもう。笑いのベクトルが、ブラウン管《かん》のこっちにいる視聴者《しちょうしゃ》ではなくブラウン管のなかのほかの出演者《しゅつえんしゃ》に向かうのだから。これだとコミュニケーションが画面のなかだけで閉《と》じてしまう。

5 お笑いタレントだけでなく、ゲストまでお笑いタレントよろしくつっこみを入れる。それをうけてお笑いタレント自身がだらけた笑いをこぼす。お笑いタレントが笑えば番組はおしまいだ。視聴料《しちょうりょう》をいただく理由がなくなる。

〈鷲田清一《わしだきよかず》『噛《か》み切れない思い』〉

答え 1・4・5段落

♪ 4段落もお笑いタレントに関係していることに気づきましたか。印をつけることで「関係していること」が、わかりやすくなります。

4 「読みとる」気持ちを持ち続けよう

ステップ1

まず、書いてあることを正確《せいかく》に「読む」こと。

「観察力《かんさつりょく》」というのは「ものごとをありのままに正確に見る力」のことですが、文章の読解《どっかい》では、この「観察力」が必要《ひつよう》になります。文章、それも長文になるとことばの数がとても多くなり、少しでも気をぬくと、大切なところをうっかり見落としてしまうことがあります。また、細かなところに気を向けすぎると、かえって目立つところに書かれたことばを見過《みす》ごしてしまうこともあります。書いてあることをありのままに正確に理解《りかい》するだけでもやさしいことではありません。

ステップ2

次に、書いていないことまで正確《せいかく》に「読みとる」こと。

長文読解《どっかい》の中でも、とくに物語文のように文章に書かれていない「気持ち」を考える問題にはどう取り組めばよいのでしょうか。国語が得意《とくい》か不得意《ふとくい》かはおそらくここで決まるのではないかと思います。書いていないことをどうやって見つけるのか？　それでは、とても大切なことを伝《つた》えましょう。それは「読む」と「読みとる」のちがいです。

↓ やってみよう 1

やってみよう 1

次の文章で、「かくれた気持ち」が読みとれるところに線を引いて答えよう。

先生からの手紙を見ているうちに、お母さんの顔がこわばってきた。お母さんは何も言わずにキッチンへ行き、お茶をいれてもどってきた。おこっているのかと思って、おそるおそる顔をのぞきこむと、目に涙《なみだ》が光っているのが見えた。

答え　顔がこわばってきた　何も言わずに　おそるおそる顔をのぞきこむ　目に涙が光っている

やってみよう 2

「千尋《ちひろ》」の「ママ」は、「千尋」も通う幼稚園《ようちえん》で先生をしています。ある休日の夜のようすをえがいた次の文章を読んで、

① ——線「今はママは～お母さんじゃないよね？」と同じ気持ちが表れた「千尋」のことばを(1)～(3)の中から選《えら》んで、記号で答えよう。

② □にふさわしいことばをア～ウから選んで、記号で答えよう。

ア おこったような　イ わらいたそうな　ウ 泣《な》きそうな

二日目の夜、八時にふとんに入った千尋《ちひろ》ちゃんの横には、いつ

ポイント4　「読みとる」ために必要《ひつよう》な「手がかり」を見落とさないようにしよう。

少し極端《きょくたん》な言い方ですが、わかりやすく言うと「読む」と「読みとる」のちがいは次のようになります。

> 読む＝文章に書いてある文字を見て、内容《ないよう》を理解《りかい》すること。
> 読みとる＝文章に書いてあることばや内容を手がかりにして、書いてないことまで頭で考えること。

この本では、これから文章を読みとるための手がかりの見つけ方を学んでいきます。「手がかり」とは、たとえて言うと「証拠《しょうこ》」です。証拠をいくつも集めて犯人《はんにん》を追いつめていくように、文中にある「証拠」を見つけ出し、見えない「犯人」を見つける面白《おもしろ》さをぜひ味わってもらいたいと思います。くれぐれも別人《べつじん》を犯人にしないように注意して、さがしていきましょう。

やってみよう 2

ものようにママがすわっていた。

となりではもう征二《せいじ》君がねむっている。

千尋ちゃんはママを見上げて「ねえ、ママ」と聞いた。

「今はママは千尋のお母さんだよね？　ゆり組のみんなのお母さんじゃないよね？」

「そうよ」

とママは幼稚園《ようちえん》の田中先生の顔ではなく、お母さんの顔で言った。

「千尋と征二ふたりのお母さんよ」

「あしたも、そうだよね？」（1）

「そうよ」とママは少し［　　］顔になった。

「ねえ、ママ」（2）

「なあに？」

「お歌をうたって。幼稚園の歌じゃないの、うたって」（3）

「それじゃ、お眼々《めめ》をつぶって」

千尋ちゃんのママは、すきとおった、やさしい声でうたった。

あいうえおほしさま／かきくけこんや／さしすせそらに／たちつてとんだ
千尋ちゃんが寝息《ねいき》を立てても、ママはしばらく千尋ちゃんの寝《ね》顔《がお》を見ていた。それからそっと立った。


〈千刈《ひかり》あがた「苺《いちご》のアップリケ」〉

答え　①＝（3）　②＝ウ

♫ 千尋のことばから、幼稚園では、先生であるお母さんに甘《あま》えられないさびしさが読みとれます。また、お母さんのようすから、そんな娘《むすめ》がかわいそうでならない気持ちも読みとれます。

5 筆者からのメッセージをしっかり受け取ろう

ステップ1
筆者は何かを伝《つた》えようとして文章を書いている。

イソップ童話にある「ウサギとカメ」の話を知っているでしょうか。作者であるイソップは、あの話を通して、読む人にどのようなことを伝えたかったのか考えてみましょう。おそらく「油断大敵《ゆだんたいてき》」「努力《どりょく》の大切さ」「あきらめない心」そんなことばが思いうかぶのではないでしょうか。

ステップ2
説明文ではメッセージがはっきり書いてあることが多いが、物語や随筆《ずいひつ》、詩でははっきり書いていないことの方が多い。

作者が読者に伝《つた》えたいことを「メッセージ」や「テーマ」などということがあります。このことば自体はあまり気にしなくてよいのですが、「作者の伝えたいことは何だろう」という気持ちは決して忘れないでください。説明文を読むときには、次のような筆者の考えや気持ちがはっきりと書かれている文に注意しましょう。

やってみよう 1

次の文章をとおして、筆者が読者に伝《つた》えたかったことをア～ウから選《えら》んで、記号で答えよう。

ア　オオツノシカの角《つの》の役割《やくわり》　　イ　野生動物が絶滅《ぜつめつ》した理由

ウ　人間の生き方に対する警告《けいこく》

　野生動物が絶滅するのはどんなときでしょう？

これが三時間目の最初《さいしょ》のクエスチョンです。

答えを発表する前に、氷河期《ひょうがき》にユーラシア大陸《たいりく》や日本列島などに生息していたオオツノシカの話をしたいと思います。

（中略）

しかし氷河期が終わり、地球の温暖化《おんだんか》が始まると、植生が変化《へんか》しはじめ、森林と沼地《ぬまち》の面積《めんせき》が急激《きゅうげき》に増加《ぞうか》していきます。森林面積が広がるということは、たとえばオオツノシカが天敵《てんてき》の動物に追われたとき、森の中ににげこもうとしても、大きな角がじゃまになって行く手をはばまれる、ということを意味します。沼地ににげこんでも、足をとられると、頭の重さがじゃまをしてなかなか自力でぬけだせない、ということを意味します。草原が減《へ》り森林面積が増《ふ》えると、草地を探《さが》して何キロも移動《いどう》しなくてはならず、そのときも重くて大きな角がじゃまになるのです。

～と考える。
～ではないだろうか。
～しなくてはならない。
→筆者の意見

しかし、物語文では、筆者の意見や考えは、はっきりと書かれていないことのほうが多いのです。

ポイント5 文章の結末《けつまつ》での主人公や登場人物の姿《すがた》にこめられた作者の願《ねが》いや忠告《ちゅうこく》を読みとろう。

物語文など「人物の気持ち」をあつかう文章では、登場人物の姿に作者のメッセージがこめられていることが多くあります。文章全体を通して、苦しみを乗り越えて主人公が成長《せいちょう》した物語であれば作者は、キミたち読者にも「思い通りにならないこともあるだろうが、がんばって乗り越《こ》えてほしい。そうすればきっと強くなれるよ。」という願《ねが》いをもっているのでしょう。読者に物語の主人公と同じ気持ちになって読み進めてほしい、きっとそう願っているにちがいありません。

↓ やってみよう1

過去《かこ》には、大きな角が役立ったこともあるでしょう。オオツノシカは強そうだし、凛々《りり》しいし、牝鹿《めじか》からは「ああ、なんてカッコいい牡鹿《おじか》なんでしょう」と*羨望《せんぼう》の目を向けられたにちがいありません。イケメン好きのメスは、カッコいいオスと交尾《こうび》をしたがります。その娘《むすめ》も孫娘《まごむすめ》も、角が大きくてカッコいいオスを追い求《もと》めつづけた結果《けっか》、オオツノシカは角だけがますます大きくなっていったのだろうと、推測《すいそく》されているのです。

そんなオオツノシカは、温暖化《おんだんか》という環境《かんきょう》の変化に対応《たいおう》できずに絶滅《ぜつめつ》してしまいました。対照的《たいしょうてき》に、環境の変化に対応して生き残《のこ》ったのが、中型《ちゅうがた》、小型《こがた》の動物たちでした。

さて、冒頭《ぼうとう》の質問《しつもん》の答えはわかりましたか？

「あるひとつの特徴《とくちょう》だけが肥大化《ひだいか》したとき、野生動物は環境の変化に対応する力が弱まり、絶滅しやすくなる」

これが正解《せいかい》です。

人間でも、女性《じょせい》も男性《だんせい》も、外見を美しく見せることにばかり気をとられて、内面をみがくことをおこたると、人間としての多様性を失《うしな》い、時代の変化に対応できなくなりますよ。なんていうことを、オオツノシカがたどった運命は、警告《けいこく》していると思いませんか。

〈小菅正夫《こすげまさお》『ペンギンの教え』〉

＊羨望　うらやましく思うこと。

答え　ウ

♫ 最後の段落で、オオツノシカを例にあげて、人間も注意しなければならないことを説明しています。

ガイド付き

練習問題 1

次の文章を読んで、下の**1**～**3**に答えなさい。

兄の宗一《そういち》といっしょに、浩《ひろし》は駅の貨車《かしゃ》積《づ》みのホームへ行き、鉄のスクラップの山をあさって、一本ずつ古い小刀を拾った。二本ともさびきっていたので、家へもどって、二人は砥石《といし》を並《なら》べて我《われ》を忘《わす》れて研《と》いだ。時々刃《は》に水をかけて指でぬぐい、研げた具合を見るのが楽しみだった。浩の小刀はよく光り、刃先へ向かって傾斜《けいしゃ》している面には、くちびるが映《うつ》った。宗一の小刀は、その面のふちだけが環状《かんじょう》に光っていて、中央にはさびたままの、くぼんだ部分を残《のこ》していた。

浩は、自分は丸刃にしてしまったが、兄さんは平らに研いだ、と思った。浩は自分が時間を浪費《ろうひ》して、しかも、取り返しがつかないことをしてしまったように思い、周到《しゅうとう》だった兄をうらやんだ。浩は①心の動揺《どうよう》をかくそうとして、だまってまた砥石に向かった。横にいる宗一が意識《いしき》されてならなかった。彼《かれ》が横にいるだけで浩は*牽制《けんせい》されてしまい、自然《しぜん》と負けていくように思えた。しかし浩は並んで研いだ。宗一がどんなふうに研ぐか気になったからだ。宗一はやっていることにふけっていた。②浩は自分もふけっているように見せかけた。浩には時間が長く感じられた。自分が人をこんな思いにすることがあるのだろうか、と彼は思った。

ガイド　〔　　　〕をうめながら、読み進めよう。

答え➡別冊2ページ

「楽しみだった」という気持ちがはっきり書かれています。「浩」の気持ちに線を引いていきましょう。

小刀をうまくとぐことができなかったようです。

心の中のようすと行動に表れた体のようすが一致《いっち》していません。浩の本当の気持ちは、線を引くことで、はっきり見える形に残しておきます。

1　――線①「心の動揺」とは浩のどんな思いをさしているか。ここより前の部分にある一文を探《さが》し、初《はじ》めの五字をぬき出して、答えなさい。

□□□□□

2　――線②「浩は自分もふけっているように見せかけた」とあるが、なぜか。ふさわしいものを記号で答えなさい。

ア　一生懸命《いっしょうけんめい》研《と》いでいる兄のじゃまをしたくないから。

浩《ひろし》は自分の小刀で手のひらを切って、宗一《そういち》に見せるようにした。宗一はそれに気づき、目を上げて浩を見た。浩は自分から宗一の視線《しせん》の前へ出て行った気がした。宗一をだました自信《じしん》はなかった。宗一は研《と》いでいた小刀を浩に差《さ》し出して、

——これをやらあ、と言った。そして今まで浩が研いでいた小刀を、研ぎ始めた。

——けがはどうしっか、と浩は聞いた。彼《かれ》はもう③うその後始末《あとしまつ》の仕方を、宗一に求《もと》めている気持ちになっていた。

——けがか、ポンプで洗って、手ぬぐいでおさえていよ、と宗一は言った。

——……。

——おまえんのも切れるようにしてやるんて、痛《いた》くても我慢《がまん》して待っていよ。

浩はポンプを片手《かたて》でおして、傷《きず》に水をかけた。血は次から次へと出てきて、水に混《ま》じってコンクリートのわくの中へ落ち、彼に魚屋の流し場を思わせた。彼はその流れ具合を見て、これがぼくの気持ちだ、どうしたら兄さんのようにしまった気持ちになれるだろう、と思った。宗一はたくみに力を込《こ》めて研いでいた。浩はその砥石《といし》が、規則《きそく》正しく前後にゆれているのを見守っていた。すべてが宗一に調子を合わせて進んでいた。

〈小川国夫《おがわくにお》「物と心」〉

＊牽制　相手を自由に行動させないようにすること。

イ　失敗《しっぱい》したことが兄にばれてしかられたくないから。
ウ　自分の心の動揺《どうよう》を兄にさとられたくないから。

「だました」とはどうすることをさしているのでしょうか。正しいほうを選びましょう。　［　　］

［わざと／あやまって］小刀で手を切ってしまったように見せること。

← 兄のようすに注意しましょう。ケガをした弟に何があったかも聞かず、いきなり自分の小刀をあげました。

3　——線③「うその後始末」とあるが、

① 宗一は、浩が小刀を研《と》ぐのを失敗《しっぱい》したことを知っていたか、知らなかったか、答えなさい。　［　　］

② それが明らかにわかる「宗一のことば」をさがし、初《はじ》めの五字をぬき出して答えなさい。（記号は字数にふくめません）

小刀をうまくとげず、自分で自分の手を傷《きず》つけても気持ちは収《おさ》まらず、それどころか兄に何もかもかなわないことを思い知らされた浩がどんな気持ちでいたのか想像《そうぞう》してみましょう。

（出題例　神奈川・フェリス女学院中）

入試問題にチャレンジ

答え➡別冊32ページ

次の文章を読んで、下の問いに答えなさい。

〔「少年」と「アツシ」は兄弟である。「アツシ」は明日、難《むずか》しい目の手《しゅ》術《じゅつ》を受けなければならない。〕

二人はしばらくだまって、街《まち》と、空と、海をながめた。ときどき顔を見合わせて、アツシはうれしそうに、少年は照《て》れくさそうに、笑《わら》った。アツシのほうが階段《かいだん》の上の段にいるので二人の顔の高さはほとんど同じで、正面から見るときにはアツシのメガネのうずもそれほど目立たないんだな、と少年は気づいた。

「夏休みになったら、ほんとに海に行こう」

少年が言うと、アツシは「泳げる？」ときいた。

「泳げるし、お母さんに水中メガネ買ってもらって、もぐって遊ぼう」

「お魚、見える？」

①少年は息をすうっと吸《す》いこんで、「アッくんの目が良くなったら、見えるよ」と言った。

「……ほんと？」

「だから見えるんだよ、絶対《ぜったい》、百パーセント」

「信《しん》じろよ、ばーか。文句《もんく》言ってたら置《お》いて帰るぞ」

②胸につっかえていたものが、とれた。アツシもなんだかほっとしたよ

問1 ――線①「少年は息をすうっと吸いこんで」とあるが、このときの気持ちとしてふさわしいものを記号で答えなさい。

ア　弟にうそをつかなくてはならず、心を落ち着かせようとしている。

イ　弟を安心させるために、明るいふりをしようと気合いを入れている。

ウ　自分の心にある不安をふきはらい、信じようと決心している。

エ　弟との思い出となった海のにおいを、心に刻《きざ》もうと思っている。

〔　　　〕

問2 ――線②「胸につっかえていたもの」とは何か。ふさわしいものを記号で答えなさい。

ア　アツシの手術が失敗《しっぱい》するという不安《ふあん》。

イ　アツシの手術が成功《せいこう》することへの希望《きぼう》。

ウ　自分を信じないアツシへのいらだち。

エ　アツシにいろいろなことを聞いてみたい好奇心《こうきしん》。

〔　　　〕

うに、えへへっ、と笑った。

「アッくん……」

「なに？」

「手術がすんだらお見舞《みま》いに行くから、マンガ、たくさん持って行ってやる」

大事にしているコミックスを、ぜんぶ。「そのかわりよごさずに読めよ」と言うと、アツシは笑ってうなずいた。

「あと、いろんなテレビ、録画《ろくが》しとくから。退院《たいいん》してからみろよ。オレもいっしょにみてやるし」

入院中にアツシの好きなアニメの特番《とくばん》があるといいのに。ガキっぽいアニメなんて最近《さいきん》はちっともみていない。でも、アツシもいっしょなら、泣《な》くほど面白《おもしろ》いだろう。

「あと……あと……」

③ほかになかったっけ、アッくんに見せたいもの、なにかなかったっけ。うまく思いつかずに「あと……あと……」と繰り返していると、雲の切れ間から夕陽《ゆうひ》が射《さ》した。

〈重松清「おとうと」〉

問③ ――線③「ほかに～なにかなかったっけ」とあるが、このときの少年の気持ちとしてふさわしいものを記号で答えなさい。

ア　実際《じっさい》に見ることができなくても、きれいなものが他《ほか》にもあることを知ってほしいと願《ねが》う気持ち。

イ　手術への不安に負けそうなアツシを守る家族として、もっと自分をたよってほしいと願う気持ち。

ウ　おたがいにもっと仲良《なかよ》くなるために、アツシが見たいものを自分もいっしょに見たいと願う気持ち。

エ　喜《よろこ》ぶものを提案《ていあん》することで、アツシのために自分ができることは何でもしてあげたいと願う気持ち。

［　　　］

（神奈川・横浜女学院中）

ヒント

問① このあとの「少年」と「アツシ」の会話から考えよう。

問② 何かが「胸につかえる」とは、どんな気持ちだろうか。

問③ 「アツシ」に見せたいものを探《さが》している。そのもとにある「少年」の気持ちを考えよう。

1 物語の中心人物「自分」と「相手」を見つけよう

ステップ1

物語の初《はじ》めの部分には、登場人物たちの人がらや関係《かんけい》など、大切な情報《じょうほう》が書かれている。

ふつう物語には何人もの人物が登場します。もちろん、その中で一番大切なのは「主人公」です。しかし、それがだれなのかをなかなか見つけられないことがあるかもしれません。そのまま読み進めてしまうと、文章の初《はじ》めのころに書かれているさまざまな情報を見落とし、大切な場面での気持ちの読みとりに失敗《しっぱい》するおそれがあります。

ステップ2

ほとんどの物語は、主人公（＝自分）と他《ほか》のだれか（＝相手）との関《かか》わりを中心にして進んでいく。

短い物語でも長い物語でも変《か》わらないのは、主人公がある「できごと」に出会って、なやんだりしながら何かを学び、よい方向に変わっていく、という「形」です。そして、その「できごと」に関係して、いわば主人公にとっての「壁《かべ》」のような役割《やくわり》をするのが「相手」です。主人公、つまり「自分」がどのように「相手」との間に起きるさまざま

やってみよう 1

次の文章を読んで、主人公と登場人物の関係を整理しよう。

バスに乗りこむと同じ班《はん》のみんなは席《せき》についていた。友樹《ともき》は春《はる》菜《な》のとなりでうれしそうだ。達也《たつや》は複雑《ふくざつ》な気持ちだろうな。本当は春菜としゃべりたかっただろうに、仲《なか》の悪い友樹のとなりとは。おまけに反対側はいつも車酔《よ》いするみゆきだ。そのとき、一番後ろの横長の席からクラちゃんが「オサムー、こっち、こっち」と呼んでくれた。達也以外《いがい》のメンバーとは話がはずまないおれのことをクラちゃんは気にしてくれてたんだろうな。ちがう班だけど、あっちの方が楽しそうだし。

主人公［ ① ］

主人公と同じ班の男子［ ② ］と［ ③ ］

主人公と同じ班の女子［ ④ ］と［ ⑤ ］

主人公と仲の良い男子［ ⑥ ］と［ ⑦ ］

答え ①＝オサム ②＝友樹 ③＝達也 ④＝春菜 ⑤＝みゆき ⑥＝達也 ⑦＝クラちゃん

♪ オサムが主人公で、オサムの目を通して、文章が語られています。だれの目を通して物語が語られているかをつかむのも重要《じゅうよう》です。

まなことに向きあい、どんな気持ちになっているのかを考えることが物語文の読解《どっかい》では大切です。

↓ やってみよう 1

ポイント6 「自分」の「心の中のことば」に線を引き、「相手」のことをどう思っているかをつかもう。

ほとんどの物語は「自分」つまり主人公の立場で書かれています。そのため「心の中のことば」をしゃべっているのが「自分」だということになります。

> ゆいちゃんとみきちゃんが何か話しながらこちらにやってくる。（「自分」が見たり聞いたりしたこと）ここで会ったら気まずいなと思って、（心の中のことば）角を曲がることにした。（「自分」の行動）

文章を読み始めて、いろいろな人物が登場してきて主人公が見つけにくいと感じたなら、「心の中のことば」に注目しましょう。そうすれば、その「ことば」によって自分と「相手」との関係《かんけい》やどのような気持ちを持っているかがわかります。

↓ やってみよう 2

やってみよう 2

次の文章の主人公(自分)とその相手がだれか答えよう。

「お～い、できたぞぉ」正和《まさかず》が呼《よ》んだ。

三人で長方形のテーブルを囲《かこ》む。キッチンから一番遠いところに正和が一人で座《すわ》る。正和と九十度の角度で隼人《はやと》が座り、その隣《となり》に直也《なおや》がいる。長方形のテーブルの二辺《にへん》は空いている。この座り方は三人だと変《へん》なのだが、美穂《みほ》がいたときにはおかしくなかった。隼人の正面に美穂が座っていたから。ずっとこの変な座り方が続いていくんだな、と隼人は思った。もしかしてこれが死ってことなのか？　母さんのいた場所がぽっかり空いたままで——自分たちは毎日食事をして大きくなっていく。目の前に空席があるから、母さんの不在《ふざい》に気づかないふりをすることはできない。

「いただきます」正和が言った。

「いただきます」隼人はオムライスを口に運ぶ。「おいしいよ」

「そっか？」得意気《とくいげ》にうなずいた。「サラダも食べろよ」

「うん」

隼人は切《せつ》なくなった。父さんの料理《りょうり》はどんどんおいしくなっていく。最初《さいしょ》はひどいもんだった。直也がまずいと言って泣《な》いたこともあった。母さんの料理が最高《さいこう》だと思っていたのに。この調子だと父さんの料理の方を好《す》きになっていくのかもしれない。

〈桂望実《かつらのぞみ》『ボーイズ・ビー』〉

答え 主人公＝隼人　相手＝正和(父さん)

「～と隼人は思った」や「隼人は切なくなった」などがヒントです。

2 気持ちが表れた「表情《ひょうじょう》」「行動」「せりふ」を見つけよう

ステップ1

物語にはさまざまな「気持ち」を表すことばがちりばめられている。

たとえば「教室はわいわいがやがやしてとてもうるさかった。」という文があったとします。この文からは、まず、教室にいる人たちは「わいわいがやがや」、つまり、いくつかのグループに分かれて、思い思いに話していることがうかがえます。次に、自分は「うるさかった」と感じていることから、教室にいる他《ほか》のみんなのようにはおしゃべりを楽しめていないことがわかります。このように文字として書かれた「気持ち」を見落とさずに注意深く読み進めていく必要《ひつよう》があります。

ステップ2

「気持ちを表すことば」が文字として書かれていなくても「気持ちことば」がかくれていることがある。

人の気持ちは心の中にあるものですから、もともとは自分だけにしかわかりません。それを他《ほか》の人が知るには、目で見えるか、耳で聞こえるかなどして、何かの形として表れなければなりません。「うれしい」「かなしい」などの気持ちことばによって表されたものや主人公

やってみよう 1

次の①〜③が表す「気持ち」を選《えら》ぼう。

① にらむ　② 肩《かた》をおとす　③ くちびるをかむ

ア くやしい　イ がっかりする　ウ 腹《はら》を立てる

答え ①＝ウ　②＝イ　③＝ア

やってみよう 2

――線「海の中ではのびていた腰がすっかりちぢんで、小さく見える」とは反対の気持ちを表した「ばあちゃんのようす」が書かれた一文を探《さが》し、線を引こう。

「……いいとおないか？」

いいたくないわけじゃない。だけど言葉《ことば》が見つからない。わたしは手にしていたえんぴつを、ぞうきんをしぼるようにもみしだいた。

「……ふう。」

ばあちゃんは肩《かた》をおとしてため息をついた。海の中ではのびていた腰《こし》がすっかりちぢんで、小さく見える。確信《かくしん》に満《み》ちた手つきで道具をあつかっていた手は、いまはひざの上で白くなるほどににぎりしめられていた。

の心の中のことばとして書かれているもの以外《いがい》の「はっきりと書かれていない気持ちことば」を読みとるために、注目してほしいところがあります。

↓ やってみよう 1

ポイント 7 登場人物の「表情《ひょうじょう》」「行動」「せりふ」に線を引き、どんな気持ちでいるのかを確認《かくにん》しながら読み進めよう。

笑《わら》う、にらむ、目をそらす、うつむく、くちびるをかむ、スキップをする。これらはすべて「気持ちが表れた表情《ひょうじょう》や行動」です。また、「いいかげんにしろ!」というせりふには「激《はげ》しい怒《いか》り」の気持ちが表れています。「……」という無言《むごん》のせりふであっても、そこには「何も言うことができない」あるいは「どう言ってよいのかわからない」といった気持ちがこめられているのです。このように人の「表情」「行動」「せりふ」に注目することで、はっきりとした「気持ちことば」が書かれていなくても、その人物の気持ちを読みとることができます。細かいところにも注意をはらって、線を引きながら文章を読み進めるようにしましょう。

↓ やってみよう 2

「いつでも人目やかっこばかり気にする子でなあ。どうやらばあちゃんの仕事もはずかしい思うとったようじゃ。高校のころから、『田舎《いなか》はいやじゃ』そればあっかりゆうてなあ。……それでもこうやって、海ん中のお宝《たから》みたいなあんたらふたりをよこすところをみると、信頼《しんらい》はしてくれとるんだろうなあ。」

わたしの知らないずっと昔、ばあちゃんととうさんの間になにがあったのだろう。親子げんかでもしたのだろうか。

「ばあちゃん、まだもぐっとんかゆうて、とうさん、心配しとったよ。」

あんまりしおれているばあちゃんをはげましたくて、つい口がすべってしまった。

「え? 電話があったんか。」

ばあちゃんの背中《せなか》がシャキッとのびた。

――しまった!

仕方なしにわたしはうなずく。

「だあらすけがあ! なんで、わたしにはなんもゆうてこん。」

カッと見開かれたばあちゃんの目から怒《いか》りのほのおが燃《も》えあがる。メラメラという音まで聞こえてきそうだった。こ、こわ。これじゃ、とうさん、電話できるわけないよ。気が小さいんだもの。

〈八束澄子《やつかすみこ》『海で見つけたこと』〉

答え (22行目) ばあちゃんの背中がシャキッとのびた。

♪「ばあちゃん」の体や目のようすに、不安やさびしさ、怒りなどが表れていることに気づきましたか。ことばには書かれていなくても気持ちをしっかりと読みとりましょう。

3 四つの手がかり（時間、場所、人物、事件《じけん》）を見つけよう

ステップ1 一つの物語はいくつかの場面が集まってできている。

「その日のできごと」「それから一年後のできごと」また、「学校でのできごと」「家に帰ってからのできごと」というように、一つの物語はいくつもの「場面」から成《な》り立っています。それぞれの場面ごとに登場人物が変わり、その場面で起きるできごとを通して物語は進んでいきます。文章全体を理解《りかい》するうえでも、場面を意識《いしき》しながら読み進めていかなければなりません。

↓ やってみよう1

ステップ2 場面をつかむことは、そのときの中心人物たちの気持ちをつかむのに役立つ。

もっとも注意してほしいのは、場面ごとに、物語の中心人物たちの気持ちがどのように移《うつ》り変《か》わるか、ということです。物語文の読解《どっかい》問題に取り組むにあたっては、話の流れ、少し難《むずか》しいことばで言うなら「ストーリー展開《てんかい》」を追うだけの読み方よりも、登場人物の気持ちの移《うつ》り変《か》わり、つまり「心情の変化」をとらえる読み方を心がけまし

やってみよう 1

次の①〜④は「時間」「場所」のどちらを表すか、答えよう。

① 家にもどると　② 卒業式《そつぎょうしき》の日の朝　③ 電車が駅に着くと

答え　①＝場所　②＝時間　③＝場所

やってみよう 2

次の文章を四つの場面に分けたとき、二つめ、三つめ、四つめの場面の初《はじ》めの五字をぬき出そう。

「はるさん、なに？」白い開襟《かいきん》シャツにグレーの半ズボンのこざっぱりしたカケイ君がひょいと現《あらわ》れた。

そのとたん、みちは後も見ないで小走りに逃《に》げ出していた。洗《あら》いざらしの白いブラウスに、これもくたびれ切った母のゆかたを更正《こうせい》したギャザースカート、背中《せなか》にター坊《ぼう》を負《お》ぶって、眼帯《がんたい》をかけた自分の格好《かっこう》がみすぼらしく思えた。

息を切らしてせっせと歩いてきたら学校グラウンドの横に来ていた。遠目に五郎《ごろう》や仙太《せんた》たちが野球をしているのが見えたが、そばへ行く気にはなれない。学校の正門側《せいもんがわ》に回って、仙太の兄さんのいる木工所をのぞいた。

よう。そのためには、文章全体をひとつひとつの場面にしっかりと分ける工夫《くふう》が必要《ひつよう》になります。

ポイント 8 場面が分かれるところには印《しるし》をつけよう。

次の四つが場面を分けるポイントです。

1 時間が変わるところ＝「次の日～」「しばらくたって～」など。

2 場所が変わるところ＝「グラウンドに着くと～」「学校では～」など。

3 新たな人物が登場するところ＝「とつぜんおばあちゃんがやってきた」「先生が急に現《あらわ》れた」など。

4 あるできごとが起こるところ＝「そのとき急に雨が強くなった」「とつぜん後ろの席《せき》から声がした」など、物語の流れが変わっていくきっかけが起きる。

3と4は一つの場面の中で起きたできごととしてとらえることもできるので、何よりも1と2に注意をはらいながら、読み進めましょう。

↓ やってみよう 2

「ター坊のお父ちゃんいるかな」背中からター坊をせり出させてきょろきょろしていると、父くらいの年格好《としかっこう》の職人《しょくにん》が「いまいねえよ」と声をかけてきた。

すっかりつかれが出てしまったみちは、仙太《せんた》の家へター坊《ぼう》を返しに行こうと歩き出した。

次の朝、みちは露地《ろじ》を学校の方へ曲がったところでいつものように眼帯《がんたい》をかけようとしたとき、その手を止めた。今日はやめよう、カケイ君にきちんとたのむんだからと、眼帯をポケットにしまった。

始業十五分前に教室に着いた。みちは自分の席《せき》に座《すわ》ってカケイ君が登校して来るのを待った。間もなくカケイ君が教室へ入ってきた。クラスの者もほとんどそろっていた。

みちはカケイ君が席に着くのと同時に立っていって、カケイ君の席の横に立った。

「カケイ君、昨日《きのう》はごめんなさい」みちは頭を下げた。カケイ君はみちを見上げて、色白の顔に笑《え》みをうかべた。

それまでざわざわしていた教室中が静《しず》かになり、カケイ君とみちに視線《しせん》が集まった。

〈中川由布子《なかがわゆうこ》『ちょいとかくせ』〉

答え 二つめ＝息を切らし　三つめ＝次の朝、み
四つめ＝始業十五分

♫ 二つめは「カケイ君」の家からの帰り道の場面、三つめは次の日の朝、登校中の場面、そして四つめは学校に着いてからの場面です。

4 「はじめ」→「変化《へんか》のきっかけ」→「結末《けつまつ》」という流れで全体を理解《りかい》しよう

ステップ1

中心人物たちの気持ちは物語の「はじめ」と「結末《けつまつ》」では大きく変《か》わる。

読書感想文や「全体を要約《ようやく》しなさい」といった問題が大の苦手という人もいるのではないでしょうか。そこで、ぜひ覚《おぼ》えておいてほしいのが、物語の「はじめ」と「おわり」に着目するということです。読《どっ》解《かい》問題として出される物語のほとんどが「主人公の気持ちの変化」をストーリー展開《てんかい》の中心にしているのです。

ステップ2

中心人物たちの気持ちがどのように変わったか、それは何がきっかけになったか。これがつかめれば、物語全体の流れを理解《りかい》することができる。

これまでに読んだ物語を思い出してみましょう。おそらく、どの話も、主人公の気持ちが変化したのではないでしょうか。物語をこのような「主人公の気持ちの変化」と「変化のきっかけ」でとらえることによって、物語全体を理解することができるのです。

やってみよう 1

次の文を「マイナスの気持ち→きっかけ→プラスの気持ち」の形になるような順番《じゅんばん》にならべかえよう。

ア 自分が将来《しょうらい》どんな職業《しょくぎょう》につきたいのか考えてみた。
イ 成績《せいせき》が下がり勉強すること自体がいやになった。
ウ やる気が出て集中して勉強できるようになった。
エ 習い事と塾《じゅく》の両立が難《むずか》しくなってきた。

答え エ→イ→ア→ウ

やってみよう 2

――線「せっかくの～思いがあった」という「玉子」の気持ちが明るく変わったことが表れている一文を探《さが》し、線を引こう。

出て来た帯枕《おびまくら》と前板を見て、母は笑《わら》い出した。
「どうしてこんなもの買ったの、まだあんたはお太鼓《たいこ》に結《むす》ぶの地味だよ」
何て勘《かん》の悪い母さんだろ、あんなに母さんのものだって言ったのに。
（中略）
笑《わら》いながら座《すわ》ったまま鏡《かがみ》も見ずに新しい帯枕《おびまくら》を使って、

ポイント9

場面の移《うつ》り変《か》わりにそって、物語の流れを「前半」「後半」に分け、そして中心人物たちの気持ちを「プラスの気持ち」「マイナスの気持ち」と、おおまかに分けて全体をつかもう。

物語全体を「前半」「変化のきっかけ」「後半」というように、「時間」と「できごと」によっておおまかに三つに分けます。そして、「前半」と「後半」で主人公がどんな気持ちでいたのかを整理します。その際《さい》、できるだけ簡単《かんたん》にまとめるために「プラスの気持ち（うれしい、楽しい、満足《まんぞく》などの明るい気持ち）」と「マイナスの気持ち（悲しい、くやしい、不満《ふまん》などの暗い気持ち）」の二つに分類しよう。

前半……マイナスの気持ち　場面①
↓
〈変化のきっかけ〉＝できごと　場面②
↓
後半……プラスの気持ち　場面③

↓ やってみよう1
↓ やってみよう2

「これでいい？」

と向こうを向いてしめ直した背中《せなか》を見せた。満足《まんぞく》だった。

「昨日《きのう》、せっかく買って来た苺《いちご》、使っちゃって悪かったけど、急なお客様で果物《くだもの》の用意が間に合わなかったの、玉子はしっかりしたいい苺を選《えら》んで確《たし》かな買物が出来るようになった。じきに母さんの代わりに買物して来ることがたのめるようになったね」

面目《めんもく》をほどこして役に立つことが出来たのはうれしかったが、せっかくの楽しみがはぐらかされたようなうらさびしい思いがあった。

いく日かして宇田川《うだがわ》先生がみえた。ふすまの向こうで母とおしゃべりをしている。

「この間、玉子にお年玉を初《はじ》めて持たせたら、私に帯枕《おびまくら》買って来てね、今まで使っていたのが破《やぶ》けているのがいやだって、女の子って変《へん》なとこ見てる、一本やられてねえ」

「まあ、女のお子さんてそういう気の付《つ》き方するんですか、うちは男の子だからそういう楽しさは無《な》くてつまりませんよ、今使ってらっしゃるのそうですか」

「ちょっと厚目《あつめ》で、若《わか》くなっちゃった」

「大丈夫《だいじょうぶ》じきに使ってると落ちついて来ますよ」

その日、活《い》けられた花は水仙《すいせん》、宇田川先生は葉物がお得意《とくい》だ。

水際《みずぎわ》すっきりと活け上がった花はいいにおいをさせていた。


〈青木玉《あおきたま》『小石川の家』〉

答え （28行目）水際すっきりと活け上った花はいいにおいをさせていた。

5

「自分」がどんな心の成長《せいちょう》をとげたか考えてみよう

ステップ1

「自分」の気持ちの変化《へんか》は、「心の成長《せいちょう》」と言いかえることができる。

ほとんどの物語では、主人公がさまざまな困難《こんなん》に向き合うことで学び、そして、変化します。たとえプラスの気持ちからマイナスの気持ちの変化であっても、それまで経験《けいけん》しなかったことがらによって、後《こう》悔《かい》したり、反省《はんせい》したりする「学び」があるはずです。

↓ やってみよう 1

ステップ2

「相手」は変《か》わらず、相手に対する「自分」の気持ちだけが変化することもある。

主人公である「自分」が成長するにあたって大きな役割《やくわり》を担《にな》うのが「相手」です。「相手」がどのような結末《けつまつ》をむかえるかは物語によって大きく異《こと》なります。「相手」も「自分」とともに成長する、「自分」の見方が変化するだけで、「相手」は変わらない、「相手」はいなくなってしまう……。読み終えた物語を自分のものにするために、主人公を「相手」との関《かか》わりを通してとらえるとよいでしょう。

やってみよう 1

「心の成長《せいちょう》」にあてはまるものを選《えら》ぼう。

ア この一年で身長が一〇センチ以上《いじょう》のび、大きく成長した。
イ 相手の気持ちを考えてからことばを口にするようになった。
ウ 悪いできごとがあってもすなおに受け止めるようになった。
エ 思い通りにいかないと、だれとも口をききたくなくなるようになった。

答え イ ウ

やってみよう 2

――線「それになんなその手は」とあるが、「僕」がどんな気持ちで手を出したのかがわかる一文を探《さが》し、線を引こう。

あるとき、僕《ぼく》たちは社宅《しゃたく》の裏《うら》にある小さな山の斜面《しゃめん》の木の上に基地《きち》を作ることにした。僕たちは僕を先頭に一列になって山を登っていた。斜面には草が生えていて、何度も足を取られた。転ぶ子もいるほど斜面は急だったのである。とちゅうまで登ったとき、僕の二才年下の弟が僕の背中《せなか》をたたいた。

「兄貴《あにき》、あーちゃんが……」

見ると、あーちゃんは斜面の下のみちばたに立ってじっと僕らの方を見上げていたのだ。かれにはちょっと登るのは難《むずか》しかっ

やってみよう 2

ポイント10 「自分」の心の成長《せいちょう》は、「相手」に対する自分の気持ちと、「自分」に対する自分の気持ちを分けて整理しておこう。

ポイント9では、変化《へんか》を通して全体をとらえるために、大まかに気持ちを分類《ぶんるい》すればよい、と説明《せつめい》しました。ここでは、もう少し細かく整理しなければなりません。そこで主人公の気持ちを、

1 「自分」から「相手」に対する気持ちがどう変わったか。
2 「自分」から「自分」自身に対する気持ちがどう変わったか。

このように分類して考えるようにしましょう。文章全体を前半と後半に分け、1と2をあてはめると、ひとつの物語を四つの面からとらえることができ、それぞれの変化を見ることで主人公の成長を理《り》解《かい》することができるのです。

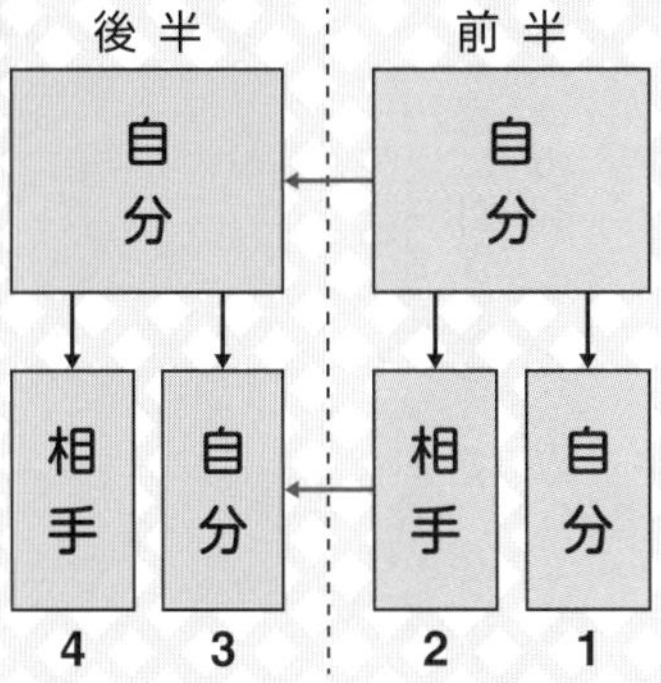

たのである。弟が小声で、どうする？ と聞いてきた。小さな子《こ》供《ども》たちも僕《ぼく》の方を見ていた。僕は小さくため息をついた。

「ちょっと行ってくる」

僕は弟にちびっこたちを任《まか》せて、あーちゃんのところまですべり降《お》りていった。

あーちゃんは僕の顔をじっと見ていた。僕はあーちゃんの足のことも考えずに山を登ってしまったことでちょっと心がはずかしかった。

「すまんかった」

僕がすなおにそういって手を差《さ》し出すと、かれは目をぱちくりさせたのだ。

「なんであやまるとや。それになんなその手は」

僕はそれ以上《いじょう》は何もいえなかった。

「今日はこれから親戚《しんせき》の人んちへ行かならんけん、みんなとは遊べんと。その事ばいおうと思っとった」

あーちゃんはそういうと、くるりと背中《せなか》を見せて帰って行った。

僕は差し出していた手を引っこめて、身体をななめにしながら一本道を歩くかれの後ろ姿《すがた》を見つめていたのだ。

〈辻仁成《つじひとなり》『僕はそこにいた』〉

答え （14行目）僕はあーちゃんの足のことも考えずに山を登ってしまったことでちょっと心がはずかしかった。

相手を思いやることが、かえって相手の負担《ふたん》になることもあると「僕」は学び、成長します。

ガイド付き

練習問題 1

次の文章を読んで、下の1〜3に答えなさい。

〔「愛《あい》」と「ユウ兄ちゃん」は、それぞれ子どもを育てられない実の親の元をはなれ、「トーサン」「カーサン」の家に引き取られている。大学進学をきっかけに家を出ることを決めた「ユウ兄ちゃん」とすごす最後《さいご》の夜である。〕

「トーサン、おぼえてる？　一年生のころ、おれ、万引きしたことあるやろ」

うむ、とトーサンはちいさくうめくようにこたえた。そんなこと知らなかった。

愛は（びっくりして）カーサンを見た。カーサンはちょっと（こまった顔）をして、目をふせた。

気持ちがはっきり書いてあります。（ ）などで目立たせるのもよいでしょう。

「愛がうちにきたばっかりやったなあ。学校の近くのお菓子《かし》屋で、何回かやった。それをカーサンが気づいて、その晩《ばん》トーサンがおれをつれて、その店にいった。座敷《ざしき》で、……」

ユウ兄ちゃんははらはらと涙《なみだ》をこぼした。泣《な》かないはずのユウ兄ちゃんが泣いている。負けん気が強くて、①人前では涙を見せないユウ兄ちゃんが手放しで泣いている。

愛は見てはいけないものを見てしまったようで、目をそらせた。

答え➡別冊4ページ

ガイド　〔　　〕をうめながら、読み進めよう。

これはだれの心の中のことばでしょうか。物語はこの人物の立場で書かれています。つまり、〔　　〕が主人公です。

「トーサン」が泣いているのは「ユウ兄ちゃん」のことばを聞いたからです。どんなことばでしょうか。

↓自分が〔　　〕したせいでトーサンに悲しい思いをさせてしまったこと。

ユウ兄ちゃんがまだ幼《おさな》いころにあったつらいできごとを思い出しています。3行目「ちいさくうめくように」にもそういう気持ちが表れています。

1　――線①「人前では涙を見せないユウ兄ちゃんが手放しで泣いている」のはなぜか、記号で答えなさい。

ア　トーサンが謝《あやま》ってくれたために自分がおこられずにすんだことを思い出し、感動したから。

イ　万引きをしたときの悲しい思い出がよみがえってきてつらくなったから。

ウ　他人である自分を家族として大切にしてくれたことが今でもうれしかったから。

〔　　〕

「トーサンが、トーサンが、手ェついて、あやまってくれて……それまで、見たことのないような、悲しそうな顔で、あやまってくれてる」

トーサンは目をしばたたかせ、口を真一文字《まいちもんじ》にむすんでいる。カーサンはだまって立って、ティッシュの箱をとってきた。

「おれ、それまでふてくされてたんやけど、そこではじめて、わるいことした、思《おも》うた。万引きしたことより、トーサンにこんな目をさせて、わるかった、いう感じやった。そやけど、これでもう、この家にはおいてもらわれへん、覚悟《かくご》した。おやじの家はあかんやろし、また、この家にくる前にちょっとだけおった施設《しせつ》にいかなあかんのやろ、思うたんや」

（「心の成長」です。）

カーサンがティッシュを一枚《いちまい》とって、ユウ兄ちゃんにわたした。ユウ兄ちゃんはそれで涙《なみだ》をぬぐった。カーサンはじぶんも鼻をかんだ。

（カーサンもつらい気持ちで泣いているのがわかります。）

「帰り、表通りから一歩はいると、うす暗くて。トーサンのあとからついていってたんやけど、トーサンがふりむいて、手エつないでくれて。その手がものすごう、あたたかいねん」

（トーサンの「気持ちが表れた行動」です。）

②愛はこらえきれず、すすり泣いた。カーサンがティッシュの箱を愛のほうに押した。ユウ兄ちゃんも声をころして泣いている。愛は一枚ティッシュをとり、箱を横のユウ兄ちゃんにそっとおしやった。

「『ええか、もうしたらあかんで。約束《やくそく》やで』て、トーサンがいうたんで、おれは、うん、ていうて。そしたら、トーサンがぎゅっと、にぎった手に、力、いれてくれて」

（トーサンの「気持ちが表れた行動」です。）

トーサンの目が涙でひかった。

〈大谷美和子《おおたにみわこ》『愛の家』〉

「施設《しせつ》にいかなあかんのやろ」と思ったのはなぜだろう。

→万引きするような［　　　］はもう家には［　　　］もらえないだろうと覚悟したから。

ところがトーサンは

［　　　］くれた

［　　　］くれた

「ユウ兄ちゃん」を本当の［　　　］として大切にしてくれていたのです。

2 万引きをしたユウ兄ちゃんが一番心配していたのはどんなことか、会話文の中から十四字でぬき出しなさい。

3 ――線②「愛はこらえきれず、すすり泣いた」のはなぜか、記号で答えなさい。

ア　トーサンのやさしさに心うたれたから。

イ　ユウ兄ちゃんのつらい気持ちがわかったから。

ウ　万引きしたことがわかりショックだったから。

［　　　］

（出題例　愛知・東海中）

ガイド付き 練習問題②

次の文章読んで、下の1～3に答えなさい。

〔「ぼく」と「兄」は、二人でしし座《ざ》流星群《りゅうせいぐん》を観測《かんそく》している。〕

二人で望遠鏡《ぼうえんきょう》をかついで斜面《しゃめん》を登る。一〇分も登ると、昨日《きのう》の雨で湿《しめ》ったカヤが足にまとわりつき、露《つゆ》がくつ下をつきぬけ、足の指の間でうずくまった。

頂上《ちょうじょう》に着く。兄が望遠鏡を組み立て、＊スバルに合わせ始めた。ぼくは、『季節《きせつ》の星座《せいざ》』という本を開いた。懐中電灯《かいちゅうでんとう》をつける。おうし座の肩《かた》にあたるスバルは今の季節は東の空にあると書いてあった。

おうし座を探《さが》す。

スバルはすぐに見つかったが、角《つの》にあたる星が天の川にひっかかってわかりにくい。

空に線を引いたつもりで探す。なぜ昔の人は牛だとか、蛇《へび》だとか思いついたのだろう。そんな風に見えたことはないし、星を線で結《むす》んでも形にはならない。角の星が見えないなら今夜はめうし座にしたっていいだろう。

「見えたぞ」

兄がスバルをつかまえたらしい。「ホラ」といってかわってくれる。

ガイド 〔　　　　〕をうめながら、読み進めよう。

答え➡別冊6ページ

登場人物は二人。「ぼく」と「兄」です。〔　　　　〕の目を通して、物語が進んでいきます。

兄が望遠鏡《ぼうえんきょう》でスバルを見つけました。

「いくつ見える?」

「一つ、二つ、三つ。うーん一五ぐらいかな」

目で見ると、スバルは六個《ろっこ》ぐらいに見える。この望遠鏡《ぼうえんきょう》を使えば、二〇個ぐらいは見えるはずだ。

「兄ちゃん」

思わず、望遠鏡から目をはなさず大きな声を出した。

流星だった。

兄が、だまりこくったまま地面にしゃがんで空を見上げている。

天の頂上《ちょうじょう》あたりにカシオペアがあった。じっと見ているとWがMに見えてくる。そして、体重かふうっと消えていくように感じる。宇宙《うちゅう》に二人だけ取り残《のこ》されたようで急に(不安《ふあん》になる)。


気持ちがはっきり書かれています。

不意《ふい》に転校した学校のことを思いだした。東京から来たこと。言葉がちがうこと。なにかというと「東京」とバカにされる。ぼくのことが学校のヤツらはなんでも気に入らないらしい。

「心の中のことば」です。


「俊夫《としお》、学校で友だちができたか?」

兄が出しぬけにきいた。

「うん」といおうとしたが、急にきかれたのでノドがつまってなかなかいえない。
①なぜだか涙《なみだ》が出てきた。
「いじめられているのか?」

兄の立場からすると「友だちができたか」と聞いたところ弟が急に泣き出したのでいじめられていると思ったのでしょう。


兄が重ねてきいてくる。

鼻をグスングスンいわせながら、それでもなんとか「ちがう、ちが

このときふたりは真上を見ています。ということは[　　　　]の表面はまったく見えないということです。自分が[　　　　]に立っていることを忘れ、まるで[　　　　]にうかんでいるように錯覚《さっかく》してしまったのでしょう。

この部分だけ場面がちがっています。星空を見ていて感じた[　　　　]が別のときに感じた気持ちと重なり、不意に学校でのできごとを思い出したのです。

1 ――線①「なぜだか涙が出てきた」とあるが、このときの気持ちとしてふさわしいものを記号で答えなさい。

ア いじめられていることを思い出し、つらい気持ちになったから。
イ いじめられていることを見ぬいた兄のやさしさに感動したから。
ウ いじめられている自分自身がなさけなくてしかたなかったから。

[　　　　]

う」というと、よけい涙《なみだ》か出てきた。

「そのうち、友だち、出来るよ。仲間《なかま》に入ろうとしなきゃ、だめだよ。だれか気の合いそうなヤツいないのか。星を見るのが好きなヤツとか。この望遠鏡《ぼうえんきょう》、学校に持っていっていいよ。友だちに見せてやって、おまえの知っている星の話、してやれよ。オレは、三年になったら天文部の部長になれっていわれてんだ」

兄が笑《わら》いながらいった。

「天文部の部長！　すごいよ、兄ちゃん」

涙がとまった。

「もうすぐ、＊シリウスの季節《きせつ》だなあ」

兄が東の空を見る。

「シリウス、うん」

「来月になるとシリウスが東の空に顔を出す。砂漠《さばく》のアラビア人はシリウスを『千の色の星』とも呼《よ》ぶんだ。見ている間に、青、白、緑、紫《むらさき》とプリズムみたいに色を変えるから」

「シリウスって一番明るい星だよね」

「そうさ。でも、直径《ちょっけい》は太陽の二倍しかない。地球からの距離《きょり》が八・六光年で、日本から見える＊恒星《こうせい》ではもっとも近いから明るく見えるんだ」

兄の力強い話し方はまるで死んだ父そっくりだ。

「八・六光年かぁ」

八年前といえば、まだ父が生きているころだ。その時シリウスを出発した光がもうすぐ地球に届《とど》く。宇宙《うちゅう》は②巨大《きょだい》なアルバムだ。ぼくらは宇

「兄」を心配させまいとしますが、本当の気持ちをかくせません。

お父さんと兄を重ねて見ています。

涙がとまった理由を考えてみよう。

兄が〔　　　〕になる

←

他の部員たちから信頼《しんらい》されている

←

兄も転校生だが、積極的《せっきょくてき》に〔　　　〕としてきた。

「巨大なアルバム」という比喩《ひゆ》で宇宙《うちゅう》の大きさを表しています。そしてその大きさを感じて、「ぼく」は勇気《ゆうき》をとりもどします。

大きいこと＝〔　　　〕
⇔
小さいこと＝〔　　　〕

また「アルバム」という比喩から次のように読みとることができます。

→宇宙には父が〔　　　〕が今も残っている。

2 ――線②「巨大なアルバムだ」とあるが、どういう意味のたとえか、ふさわしいものを記号で答えなさい。

ア　宇宙は数えきれないほどある星が収《おさ》められたアルバムのようだということ。

イ　宇宙いっぱいにあると思えるほど、父の残してくれた思い出は数多いということ。

ウ　父が生きていたころの光がまだかがやいているほどスケールが大きいということ。

〔　　　〕

宙のすみっこに取り残されているわけじゃない。ぼくは〝勇気《ゆうき》〟を取りもどした。

プラスの気持ちに変化しました。直前の思いが「きっかけ」です。

〈ビートたけし「星の巣」〉

＊スバル　星の集まりである星団《せいだん》の名。正式にはプレヤデス星団という。
＊シリウス　星の名。おおいぬ座の星の一つ。
＊恒星　見える位置《いち》がほとんど変わらない星。

3 「ぼく」の気持ちはどのように変化したか、ふさわしいものを記号で答えなさい。

ア　友だちができず、落ち込んでいたが、兄が天文部の部長になることで、自分も積極的になろうと意気ごむようになった。

イ　転校先になじめず、とり残されたような気になっていたが、星をつうじて父や兄とつながっていることが実感できた。

ウ　いじめられてつらかったが、亡《な》くなった父の思い出にひたることで、ひとりぼっちではないと思えるようになった。

［　　］

（出題例　神奈川・聖光学院中）

入試問題にチャレンジ

次の文章を読んで、下の問いに答えなさい。

母さんと離《はな》れて暮《く》らすことにたくさんの心配はあったけど、思っていたよりも気持ちは落ち着いていたし、不安《ふあん》に思うこともほとんどなかった。母さんがここにいてくれれば、と思うことはあったけど、①ついこないだまでの母さんとの二人きりの生活にもどりたいとは思わなかった。

ぼくは自分で意識《いしき》しないうちに、おじいさんという、母さん以外《いがい》の身内の存在《そんざい》をとても心強く感じていた。母さんがいなくなったらどうしよう、というぼくの最大《さいだい》の心配事は*杞憂《きゆう》だった。ぼくにはおじいさんがいた。そして、今は離れているけど母さんもいるのだ。二人いれば大丈夫《だいじょうぶ》なんだ、という根拠《こんきょ》のない自信《じしん》はぼくを元気にさせてくれた。

「行ってくる」

と言って、おじいさんが仕事に行ったあと、ぼくはいつものように廊《ろう》下《か》の雑巾《ぞうきん》がけをはじめた。今日も暑くなりそうだなと思う。

誕生日《たんじょうび》。毎年思うことだけど、ぼくが八月一日生まれというのはまるで似合《にあ》わないような気がする。夏の誕生日の子たちは、明るくて元気で活発というイメージだ。

ギィという耳慣《みみな》れた音がした。ぼくは高い位置《いち》にあった腰《こし》を落とし、正座《せいざ》のような格好《かっこう》になって、木戸のほうを見た。黒い日傘《ひがさ》をすぼめ、少

問1 ——線①「ついこないだまで～もどりたいとは思わなかった」とあるが、なぜですか。その理由としてふさわしいものを記号で答えなさい。

ア おじいさんの頼《たの》もしさにすっかり安心し、今まで恋《こい》しくてたまらなかったお母さんを頼《たよ》りないと感じるようになったから。

イ おじいさんを頼れる存在だと感じ、お母さんといっしょに暮らせないことが自分にとって大きな問題ではなくなっているから。

ウ お母さんは自分のことを見守ってくれると信じ、おじいさんに心配をかけないためにもさびしさをがまんすべきだと思うから。

エ おじいさんにいつの間にか頼っている自分に気づき、そんな気持ちをお母さんにはどうしても知られたくなかったから。

［　　］

答え➡別冊32ページ

しかがんでその人は入ってきた。

「光輝《みつき》」

母さんだった。

このときの場面を、ぼくはとても鮮明《せんめい》に覚《おぼ》えている。映画《えいが》かなにかのワンシーンを見ているように、ぼくは、ぼくを含《ふく》めた＊広縁《ひろえん》と庭と木戸と母さんを、少し離《はな》れた場所から②静《しず》かな気持ちで眺《なが》めていた。

「陽《ひ》に焼《や》けたわね」

ぼくを見て、母さんは笑《わら》った。ぼくの心の中はとても静かだった。まだほんのわずかの日数だけど、母さんと離れて暮《く》らしたのははじめてだったし、生まれてこのかた、よその家に泊《と》まったことすらなかった。それなのに、久《ひさ》しぶりに会った母さんを見ても、ぼくの心はなぜか静かだった。

「元気にしてる？」

母さんは広縁に腰《こし》かけて、折《お》りたたみ式《しき》の日傘《ひがさ》を丁寧《ていねい》にたたみはじめた。なんだかちがう人みたいだった。母さんはぼくの知らない白いワンピースを着て、ぼくの知らない白いサンダルをはいていた。

「うん」

と返事をして、ぼくの心はひんやりとした。ぼくの考えていた再会《さいかい》（といってはおおげさだけど）とちがっていた。ちがっていたのはぼくの気持ちで、ぼくはもっと喜《よろこ》んでうれしがるはずなのに、と残念《ざんねん》に思った。

「母さんは元気だった？」

「うん、まあまあかな」

問② ――線②「静かな気持ち」とはどのような気持ちですか。ふさわしいものを記号で答えなさい。

ア　お母さんと自分との間にへだたりを感じるようになり、せっかくの再会《さいかい》をひとごとのように受け止めている。

イ　お母さんの変化を感じ、それを不快《ふかい》に思う気持ちを出してはいけないとつとめて平静《へいせい》をよそおっている。

ウ　お母さんのよそよそしい態度《たいど》に自分への愛情《あいじょう》を感じることができず、久《ひさ》しぶりの再会を気まずく思っている。

エ　お母さんとはなれて暮《く》らすことに不安を感じていたのに、意外とおだやかにすごせる自分に気づき満足《まんぞく》している。

［　　　］

ヒント

問①　「おじいさん」への気持ちと「母さん」への気持ち、それぞれを前後の部分から正しく読み取ろう。

問②　「静かな気持ち」にあう心情を選び、その理由を考えよう。

と、ここではじめておたがいの目を合わせたと思う。「麦茶をいれてくる」と言って、ぼくは手に持っていた雑巾《ぞうきん》を片付《かたづ》け、台所へ行った。涼《すず》しい家の中から、縁側《えんがわ》に座《すわ》っている母さんのうしろ姿《すがた》を見ると、それこそ、□に見えた。

「はい」

お盆《ぼん》にのせたふたつのコップから、母さんはひとつを手に取って、そっと口をつけた。

「ああ、おいしいわ。ありがとう」

ぼくも飲んだ。すっかりここの麦茶の味に慣《な》れてしまった。母さんと二人で住んでいたときの麦茶の味はもう思い出せなかった。

「ここの暮《く》らしはどう?」

いつのまにか、手を膝《ひざ》に置《お》いて正座《せいざ》をしていた自分に気付《きづ》いて、ぼくはそそくさと縁側に足を下ろした。

〈椰月美智子《やづきみちこ》『しずかな日々』〉

＊**杞憂**　する必要《ひつよう》のない心配。とりこし苦労《ぐろう》。
＊**広縁**　はばの広い縁側《えんがわ》。

問3 □に入ることばとしてふさわしいものを記号で答えなさい。

ア 少しも変わらない人
イ ぜんぜん知らない人
ウ まったく理解《りかい》できない人
エ すっかりなじんでいる人

［　　］

（高知・土佐塾中）

ヒント

問3 久しぶりに会った「母さん」に、「ぼく」はどんな気持ちをもったか、問題文の「ぼく」の心情から考えよう。

1 「筆者の考え」と「具体例《ぐたいれい》」を読み分けよう

ステップ1

文章の中には「筆者の考え」を述《の》べている部分と「具体《ぐたい》例《れい》」を述べている部分がある。

文章

実際《じっさい》にあったできごと＝具体例
→←
筆者の考え

自分が思っていることを一生懸命《いっしょうけんめい》話してもなかなかわかってもらえないことってありますよね。そんなとき、実際にあったできごとの話をすると相手も「なるほど、そういう場合のことなのか」となっとくしてくれるかもしれません。実は、ほとんどの説明文にはそういった「実際にあったできごと」つまり「具体例」が入っているのです。

↓ やってみよう 1

ステップ2

「具体例《ぐたいれい》」でない部分は「筆者の意見」。

やってみよう 1

(ア)と(イ)の文のうち、どちらが具体例《ぐたいれい》(実際《じっさい》にあったできごと)か、記号で答えよう。

① 自転車を買ってほしい。(ア)
だって、まこと君もおさむ君も持っている。(イ)

② 台風が近づいてきている。(ア)
明日の運動会は中止かもしれない。(イ)

③ 日曜日は駅が混雑《こんざつ》するにちがいない。(ア)
なぜなら、全国的《ぜんこくてき》に有名なお祭りがあるからだ。(イ)

答え ①＝(イ) ②＝(ア) ③＝(イ)

♫ ①～③の二つの文をよく比《くら》べてみましょう。「具体例」の文は、例を示《しめ》すばかりでなく、「筆者の意見」を理由づける働《はたら》きもしています。

やってみよう 2

次の文章の1～3段落《だんらく》のうち、「具体例《ぐたいれい》」を表している段落の上にヨコ線を引いてみよう。

このようにして、キミたちが読む文章の筆者も、読む人ができるだけ理解《りかい》しやすく、なっとくしてもらえるように工夫《くふう》をしています。この部分は「具体例《ぐたいれい》」だと読み分けられれば、それ以外《いがい》の「筆者の考え」にぐっと近づくことができるのです。そのためには、文章に線を引きながら読むことが役立ちます。ただし、「具体例」を見分けるための引き方は少し変《か》わっています。

ポイント 11
「具体例」には、段落《だんらく》ごとにヨコ線を引こう。

なにより大切な「筆者の意見」を見つけ出せるようになるには、**必要最小限《ひつようさいしょうげん》**の引き方、つまり「ヨコの線」を引くことをおぼえればよいのです。「具体例」が見つけられればそれ以外の範囲《はんい》、つまり「筆者の考え」も自動的《じどうてき》に見つけられたも同然《どうぜん》だからです。まずは、見つけやすい「具体例」の範囲がわかるようにヨコの線を引くことを身につけましょう。

↓ **やってみよう 2**

1 ブランド商品に弱いのも日本人のくせです。世界に通用する有名商品だというので買いこむのですが、こんなことするのは日本人だけ。どの国の人でも、まず自国商品を買う層《そう》が大部分で、外国のブランド商品に手を出すのは、〝お上《のぼ》りさん〟か成《なり》金《きん》ぐらいのものです。日本商品がアメリカでよく売れているのは、その質《しつ》の高さを認《みと》めて買うからであって、ろくに質もたしかめずにブランド名だけでうれしがって買ってしまうのではありません。

2 若《わか》い人たちはセンスのよい個性的《こせいてき》な身なりをし、自由奔放《ほんぽう》に生活する人が多くなりました。これは結構《けっこう》なことなのですが、そういった若者が世に出て就職《しゅうしょく》したり、結婚《けっこん》したりして家庭をつくってしまうと、そういった個性がたちまちなくなってしまうのはどうしたことでしょうか。

3 どうもこのあたりの問題は気にかかるところです。たしかに個性がエゴイズムとしてのさばったのでは困《こま》りものですが、あまりに没《ぼつ》個性的であるのは、何か事のある時にみんないっせいに〝右へならえ!〟になってしまいそうで、ぼくのように戦争《せんそう》をくぐり抜けてきたものにはいやな感じなのです。

〈手塚治虫《てづかおさむ》『ガラスの地球を救え』〉

答え **ヨコ線を引く段落＝1・2段落**

♫ 「具体例」の部分は見つけられましたか。ヨコ線のない、「具体例」でない部分が3段落です。そこが「筆者の意見」です。

2 対比《たいひ》を見つけよう

ステップ1

異《こと》なることを対比《たいひ》させて説明《せつめい》する文章がある。

人間の子ども ⟷ 動物の子ども	日本の文化 ⟷ 西洋の文化	今の暮《く》らし ⟷ 昔の暮らし

対比とは、二つのものを比《くら》べることによって、ちがいをはっきりさせることをいいます。中学入試《にゅうし》の問題にも、「人間と動物」「日本と外国」「現代《げんだい》文明と自然《しぜん》」など、対比の形をとった文章が数多くあります。説明文《せつめいぶん》の読解《どっかい》では、文章の中に「対比」があるかどうか、そして、筆者がどのようなことを伝《つた》えようとして「対比」を用いて説明しているか、ということを注意深く読み取る必要《ひつよう》があります。

↓ やってみよう 1

ステップ2

対比《たいひ》させることによって自分の意見をはっきりさせる。

実はキミたち自身も、ふだんから何気なく「対比」を使って自分の気持ちを伝えているはずです。たとえば、「○○クンは毎日遊んでい

やってみよう 1

次の中から「対比《たいひ》の関係《かんけい》」になっているものに○、なっていないものに×をつけよう。

① 焼《や》き肉が大好《す》きな兄とお寿司《すし》が大好きなぼく。
② 温暖《おんだん》で湿度《しつど》の高い地域《ちいき》と暑さが厳《きび》しく乾燥《かんそう》した地域。
③ 雪で遊ぶのが大好きな昔の小学生と現代《げんだい》の小学生。
④ くつをぬいで部屋に入る日本人と、はいたまま部屋に入るアメリカ人《じん》。

答え ①＝○ ②＝○ ③＝× ④＝○

♫ ③は、「現代の小学生」が「雪で遊ぶのがきらい」という性質《せいしつ》でなければ、対比になりません。現代でも、子どもは雪遊びが好きですよね。

やってみよう 2

□にふさわしい九字ちょうどのことばを、問題文からぬき出そう。

鯨《くじら》や象《ぞう》が高度な“知性《ちせい》”を持っていることは、たぶんまちがいない事実だ。

るのに、ボクは勉強ばかり。」なんてことを言った経験《けいけん》があるのではないでしょうか？　こういった工夫を、「説得力《せっとくりょく》をもたせる」などということがあります。筆者は自分の考えに説得力をもたせるために、あえて反対のことをとりあげるのです。文章全体を理解《りかい》するには、何と何が対比されているかを正しくみきわめ、そして、筆者の立場がどちらの側《がわ》にあるのかを意識《いしき》して読み進めるとよいのです。

ポイント 12

「一方～」「これに対して～」などの対《たい》比《ひ》を表わすことばを〈　〉でかこみ、その前後の部分にヨコ線を引こう。

　読む時に注意してほしいのは、まず、何と何が対比されているか見つけることです。そのために「一方～」や「これに対して～」といった「前後をつなぐことば」に注目しましょう。文章を読みながら〈　〉などの印《しるし》を使って目立たせておくと、設問《せつもん》を解《と》く際《さい》にとても便利《べんり》です。

　次に、筆者の立場が対比するどちらの側にあるのかを理解《りかい》することも大切です。「一方～」や「これに対して～」などのことばを手がかりにして、書いてある範囲《はんい》をヨコの線を引いてはっきりさせると、その範囲の中で筆者が述《の》べている内容《ないよう》からどちらの立場に立っているかがわかります。

　しかし、その〝知性〟は、科学技術《ぎじゅつ》を進歩させてきた人間の〝知性〟とは大きくちがうものだ。人間の〝知性〟は、自分にとっての外界、大きく言えば自然《しぜん》をコントロールし、意のままに支《し》配《はい》しようとする、いわば「攻撃性《こうげきせい》」の〝知性〟だ。この「攻撃性」の〝知性〟をあまりにも進歩させてきた結果《けっか》として、人間は大《たい》量《りょう》殺戮《さつりく》や環境《かんきょう》破壊《はかい》を起こし、地球全体の生命を危機《きき》におとしいれている。

　これに対して鯨《くじら》や象《ぞう》の持つ〝知性〟は、いわば「受容性《じょようせい》」の知性、とも呼《よ》べるものだ。彼《かれ》らは、［　　］しようなどとは一切思わず、その代わり、この自然《しぜん》の持つ無限《むげん》に多様で複雑《ふくざつ》な営《いとな》みを、できるだけ繊細《せんさい》に理解《りかい》し、それに適応《てきおう》して生きるために、その高度な〝知性〟を使っている。

だからこそ彼らは、我々人類《われわれじんるい》よりはるか以前《いぜん》から、あの大きなからだでこの地球に生きながらえてきたのだ。同じ地球に生まれながら、片面《かためん》だけの〝知性〟を異常《いじょう》に進歩させてしまった我々人類は、今、もう一方の〝知性〟の持ち主である鯨や象たちからさまざまなことを学ぶことによって、真の意味の地球の知性に進化する必要《ひつよう》がある、と私は思っている。

〈龍村仁《たつむらじん》『地球《ガイア》のささやき』〉

答え　（5行目）自然をコントロール

「これに対して」ということばで「人間」と「鯨や象」を対比《たいひ》させています。「彼ら」つまり「鯨や象」が［　　］しようなどと思わないことを、一方の「人間」ならどうするのかを考えてみましょう。

3 「順番《じゅんばん》ことば」を手がかりにして内容《ないよう》を整理しよう

ステップ1

文章の中に順番《じゅんばん》を表すことばが入っていることがある。

一番目＝第一に、最初《さいしょ》に、はじめに、まず
二番目＝第二に、次に、もうひとつ、さらに

「聞きやすい話」「読みやすい文章」には、いろいろな工夫《くふう》があります。同じことを何度もくり返したり、話題がくるくる変わったりする、まとまりのない文章では、読み手はうんざりしてしまいます。そんなとき、数字や順番を表すことばで、内容《ないよう》を分けてもらうと、聞きやすくなったり、読みやすくなったりしますよね。説明文《せつめいぶん》の中にも、少しでも読みやすくなるように「順番ことば」を用いているものがあります。

↓ やってみよう 1

ステップ2

順番《じゅんばん》を表すことばによって、具体例《ぐたいれい》や筆者の考え、そしてその理由が整理されている。

やってみよう 1

次の文章に「まず」や「次に」などの順番《じゅんばん》ことばを入れた方がよいところに「＜」という印《しるし》をつけよう。

カレーライスを作るには材料《ざいりょう》の下ごしらえから始めます。肉をいためます。なべに水を入れ、野菜《やさい》といっしょにこみます。ルーを入れ、味付《あじ》けをします。

答え カレーライスを作るには＜材料の下ごしらえから始めます。＜肉をいためます。＜なべに水を入れ、野菜といっしょにこみます。＜ルーを入れ、味付けをします。

やってみよう 2

――線「もう一つの高度な技がある」と二つめの技《わざ》を紹介《しょうかい》していますが、一つめの技が説明されている部分に線を引こう。

クルミの実もそうとう固《かた》い。とくにオニグルミは、クルミ割《わ》りでも歯が立たず、トンカチでガチーンとやらないと割ることができない。そのためオニグルミを食べられる生きものは、するどい歯をもつリスとネズミぐらいしかいない。ところが、ハシボソガラスはこんな固い実も知恵《ちえ》を使って食べてしまう。

前に学習したように、説明文《せつめいぶん》は大きく分けると「具体例」と「筆者の考え」の部分からなり立っていますが、それぞれがさらに細かくいくつかの部分に分かれていることもあります。「具体例その1」・「具体例その2」や「筆者の考えその1」・「筆者の考えその2」というように分類《ぶんるい》、整理されるということです。それぞれを読み分けることができれば、筆者の考えを正しく理解《りかい》することができるのです。そのためには、「順番《じゅんばん》ことば」に印《しるし》をつけることが、まず必要《ひつよう》になります。

ポイント 13

「順番《じゅんばん》ことば」を〈 〉でかこみ、そのあとにつづく部分にタテ線を引こう。

文中に「まず」や「次に」といった順番を示《しめ》すことばがあったら、必《かなら》ず〈 〉などの印《しるし》をつけて目立たせましょう。そして、そのあとに続く部分にタテ線を引いておきましょう。文章を読み取るうえで大切なのは「順番ことば」ではありません。それに続く内容《ないよう》なのです。筆者が順番をつけて分類《ぶんるい》したものにはタテ線を引いて、さらにその線の始まりのところに、①、②……など数字をつけておけばいっそう読み分けがしやすくなります。

やってみよう 2

もちろん、トンカチでというわけはないが、貝と同じように高いところから落として割る。貝よりも固いので一回落とすくらいではだめだが、何回も根気よく落とすと割ることができる。このクルミ落とし行動は、クルミがある地方ならば全国各地《かくち》で見ることができる。

ところで、このクルミを落とす習性《しゅうせい》は、学習によるものなのか、それとも本能的《ほんのうてき》な行動なのか、気になるところである。私《わたし》は、おそらく本能ではないかと思っている。というのも東京都葛飾区《かつしかく》にある水元《みずもと》公園にはハシボソガラスがいるが、クルミがほとんどないので実を落とす行動は見られない。しかし、人がクルミをあたえると、ちゃんと空から落として割るのである。このことからハシボソガラスのクルミ落としの習性は、ある程度《ていど》生まれつきもっているものだと考えられる。ただし、クルミを落とす高さやどんな地面に落とせば割れやすいかなどは、学習によって獲得《かくとく》していくのであろう。明らかに幼鳥《ようちょう》は、クルミ落としが下手《へた》だからである。ちなみに、ハシブトガラスにクルミを与《あた》えても、落とす行動は一切《いっさい》しない。一度は興味深《きょうみぶか》げにくわえるが、食べ物でないと思うのか、すぐに放棄《ほうき》してしまう。

ハシボソガラスのクルミ割り法には、もう一つ高度な技《わざ》がある。走行している自動車に踏《ふ》ませて割るのである。

〈柴田佳秀《しばたよしひで》『カラスの常識《じょうしき》』〉

答え (6行目) 高いところから落として割る

ここでは線の前に「クルミ割り法」とあるので、この一つめを探《さが》します。何について順序《じゅんじょ》立てているのか、はっきりさせよう。

4 「筆者の考え」を「理由→結論《けつろん》」の形にして考えてみよう

ステップ1

「筆者の考え」の部分は、さらに「理由」と「結論《けつろん》」に分けられる。

筆者の考え
理由
→←
結論

「結論」とは、わかりやすく言うと、「筆者の考えの行き着くところ」です。一方の「理由」は、「どうしてその結論になるのか」ということです。キミたちにも「なぜこんなことをしたの？　わけを言ってみなさい」と、しかられた経験《けいけん》があるかもしれませんね。もし「別《べつ》に理由なんてないなあ」なんて言ったら、おそらく許《ゆる》してもらえないでしょう。相手に自分の考えをわかってもらいたいときには、しっかりと理由も伝《つた》える必要《ひつよう》があるのです。

ステップ2

説明文《せつめいぶん》の読解《どっかい》で一番大切なのは「理由」を正しく理解《りかい》すること。

やってみよう 1

次の①・②の文がそれぞれどのような「結論《けつろん》」につながるか、ふさわしいものを記号で答えよう。

① 紫外線《しがいせん》を通して見るとチョウのオスとメスとでは羽の色がちがう。

② 青色の光は赤色よりも先に空気の中で散《ち》らされやすい。

ア 昼間青かった空の色は夕方には赤くなる。
イ 昼よりも夕方は光が空気の中を進む距離《きょり》が長くなる。
ウ チョウはオスとメスが見分けられる。
エ チョウには紫外線が見える。

答え　①＝ウ　②＝ア

♫ ①②それぞれの文末に「から」をつけるとつながりがわかりやすくなります。

やってみよう 2

――線「情報の洪水だってよい～いえるでしょうか」とあるが、筆者がそれではいけないと考える理由が書かれている文を三つ探《さが》し、初《はじ》めの五字をぬき出そう。

「かぜを引いてしまって」という「理由」もなしに、「今日は休みます」と「結論《けつろん》」だけ言われても、「なんで？」と聞きたくなりますよね。結論も大切ですが、文章の読解《どっかい》では、「その結論につながった理由」を正しく理解《りかい》することが一番大切なのです。筆者は、具体例《ぐたいれい》をあげたり、別《べつ》の例や考えと対比《たいひ》させたり、順《じゅん》をおって分類《ぶんるい》・整理したり、さまざまな工夫《くふう》をこらして、結論に行き着くすじみちを説明《せつめい》します。その「すじみち」の最後《さいご》の部分が「理由」なのです。

↓ やってみよう 1

ポイント 14 「理由」には波線や太いタテ線を引いて、はっきりと目立たせよう。

文章を読みながら大切だと思うところに線を引いていくと、知らないうちに線だらけになっていることがよくあります。それをさけるためにも、筆者の考えに行き着く「理由」が書いてある部分は波線や、線を太くするなど、工夫《くふう》するようにしてみましょう。

読解《どっかい》問題には「記号選択《せんたく》」や「ぬき出し」そして「記述《きじゅつ》」とさまざまな形式の設問《せつもん》がありますが、「理由」はどの設問でもよく出されます。あらかじめ文章にひときわ目立つ線が引いてあれば、問題を解《と》くときにも便利《べんり》です。

↓ やってみよう 2

これはいったいなにを意味しているのでしょうか。消費《しょうひ》しない情報《じょうほう》がたくさん余分《よぶん》に供給《きょうきゅう》されているのですから、これは「情報の洪水《こうずい》」です。

（中略）

情報の洪水だってよいではないか、ただながされているだけで、別《べつ》に関係《かんけい》ないし、害《がい》もないといえるでしょうか。

利用《りよう》されないものをながすのは、資源《しげん》やエネルギーのむだづかいです。それから、どうでもよい情報のため、たいせつな情報がまぎれてしまってよいものでしょうか。わかりやすい例《れい》でいえば、広告《こうこく》のため、交通信号《しんごう》が目だたなくなってはこまります。教室のうしろのほうでさわいでいて、たいせつな先生の話が聞こえなくてはこまります。これは雑音《ざつおん》のため、情報がまぎれてしまう、わかりやすい例ではないでしょうか。あらゆる種類《しゅるい》の情報にとって、これとおなじ問題が生じていないでしょうか。

また、まちがった情報でも、そればかりくりかえしながされると、世の中の人が、嘘《うそ》を正しいと信じこんでしまうおそれがあります。ですから、さまざまな情報が自由にながれるように、社会全体で努力《どりょく》することもたいせつです。

〈赤木昭夫《あかぎあきお》『情報社会に生きるきみたち』〉

答え （6行目）利用されな　（7行目）それから、
（14行目）また、まち

「～から」などの理由を表すことばがなくても、「筆者からの問いかけ」を意識《いしき》して読み進めれば、それに対する「筆者自身の答え、つまり結論」と「そう結論づけた理由」が読み分けられます。

5 「意味は同じでも、別《べつ》のことば」には注意しよう

ステップ1 別のことばも「キーワード」になる。

「何度も出てくるキーワードに注意しよう」と、よく言われますが、一つのことばにとらわれてはいけません。たとえば、「少年」ということばが、「坊《ぼっ》ちゃん」や「そこの坊主《ぼうず》」のような別のことばで言い表されている場合も、キーワードと考えなければいけません。

ステップ2 筆者がことばを使い分けるのには大切な意味があるはず。

ステップ1の例《れい》では、一人の男の子が場面や相手によって呼《よ》び名が変《か》わっていることを示《しめ》しています。この呼び名のちがいから、それぞれの人が少年のことをどのような気持ちで見ているかが読みとれるわけです。このように、同じものごとを異《こと》なることばで表すには、何かの意味がこめられているのです。

少年

うやまう気持ち	見下す気持ち	親しみの気持ち	気持ちなし
坊ちゃん 先輩《せんぱい》 太郎さん 兄さん	坊主 がき （呼びすて）	ぼく 太郎君 太郎ちゃん 兄ちゃん	小学生 男の子 君《きみ》 田中太郎

やってみよう 1

――線「見る目」と同じ意味を表すことばを問題文から、漢字二字でぬき出そう。

絵や彫刻《ちょうこく》などの芸術《げいじゅつ》作品を鑑賞《かんしょう》するにさいして、よく「見る目を育てる」ということが言われます。なぜ「見る目を育てる」必要《ひつよう》があるのでしょう。

私《わたし》たちは、「雨上がりに虹《にじ》が出た」「西の空が夕焼《ゆうや》けで真っ赤になっていた」というような景色《けしき》を見て感動します。「虹が出ている。ああ、きれいだなあ」と誰《だれ》もが思います。あるいは山一面に桜《さくら》が咲《さ》いたり、紅葉《こうよう》になったりというとき、わざわざ出かけていき、花見をしたり、紅葉を見て、「きれいだ」とか「すばらしい」と満足《まんぞく》します。

（中略）

自然物《しぜんぶつ》ばかりでなくて、人のつくったもの、たとえば城《しろ》や寺や庭園、場合によっては手元にある小さな花瓶《かびん》でもいいし、壁《かべ》にかかっている一枚《いちまい》の絵でもいいのです。そういうものを見て感動することがあります。「ああ、見てよかった」とか「自分のものにしてよかった」という充実感《じゅうじつかん》が、結局《けっきょく》は「生きていてよかった」という生きがいにつながるのではないでしょうか。

ものを見て喜《よろこ》ぶ、鑑賞するということはそういうことではな

ポイント15 何度も出てくることばだけでなく、同じ意味を持つちがうことばどうしも線でつないでおこう。

同じ意味を持つちがうことばどうしを結《むす》びつなぐ線を、文章の上を横切る形で引きましょう。キーワードを見つけるのに役立ちます。特《とく》に説明文のぬき出し問題には、同じ意味でもちがうことばそのものを答えにした問題がよく出題されます。ことばどうしを結びつなぐ線を読みながら引いておけば、すぐに答えを見つけ出せますね。

やってみよう 1

いでしょうか。生きていることの証《あかし》、生きているという充実感につながることだろうと思うのです。

少し視点《してん》を変えてみます。たとえば私《わたし》たちは毎日三度ずつご飯《はん》を食べます。それはたんにおなかをふくらませるだけが目的ではなく、「おいしいものを食べたい」と思います。ただおなかがふくれて生きてさえいればいいというのではなく、それだけでは満足《まんぞく》できず、やはり「おいしい物を食べて、充実した気持ちになりたい」のではないでしょうか。五感に満足をあたえるということが生きがいなのではないでしょうか。

「食べるものも、見るものも、外から入ってくるあらゆる刺激《しげき》に、できることなら満足したい」というのが人間の基本的《きほんてき》な欲求《よっきゅう》ではないかと思います。感性《かんせい》とはそういうものでしょう。感性がするどいか、にぶいかによって、その人の生涯《しょうがい》が幸福か、幸福でないかが決まるとさえ言えるのではないでしょうか。感性がするどければするどいほど、さまざまなものに対してそれぞれの反応《はんのう》ができるのです。生きていることの充実感《じゅうじつかん》がわくのです。私は、ものを鑑賞《かんしょう》するには、感性が大切だと思っています。

〈江口滉《えぐちあきら》『やきものの世界』〉

答え (28行目) 感性

最初の段落で「なぜ見る目を育てる必要があるのか」と問いかけて、最後の段落で「感性がするどければするどいほど、～生きていることの充実感がわくのです」と理由と結論を述べています。

ガイド付き

練習問題 1

次の文章を読んで、下の1～3に答えなさい。

[1] ヒトは乗り物酔《よ》いや食中毒《しょくちゅうどく》などではしばしば吐《は》きます。ペットを飼《か》っていた人ならば知っていると思いますが、イヌやネコもまたヒトと同じように吐きます。研究者がよく使う実験動物《じっけんどうぶつ》であるネズミやウサギはけっして吐きません。吐くための脳回路《のうかいろ》が備《そな》わっていないからです。要するに〝制吐薬《せいとやく》〟や〝吐き気止め薬〟の研究にはラット*やマウスが使えないわけです。そこで嘔吐《おうと》*の研究にはイヌやネコ（ときにはヒト）を実験台として使わなければなりませんでした。これはデメリット*です。イヌやネコはネズミよりも大型の動物ですから大規模《だいきぼ》な飼育施設《しいくしせつ》が必要ですし、そもそも一日に何匹（何人）も検査《けんさ》することができません。また効能《こうのう》を調べたい試薬《しやく》や薬物も、多くの量《りょう》が必要《ひつよう》になります。つまり、嘔吐の研究の現場では「小型《こがた》で嘔吐する動物」が必要とされていたのです。

[2] そんな中、齋藤教授《さいとうきょうじゅ》は当時、「スンクス」とよばれる体長一五センチメートルほどの小型の動物（南日本から台湾《たいわん》にかけて生息するモグラの一種《いっしゅ》）を用いての肝臓《かんぞう》の研究をしていました。ある日教授は、肝《かん》*硬変《こうへん》がいかに生じるのかを調べるために、スンクスにアルコールを投《とう》与《よ》しました。するとスンクスが吐いたのです。驚《おどろ》いた教授は周囲《しゅうい》に

ガイド 〔　〕をうめながら、読み進めよう。

答え➡別冊10ページ

二つめと三つめの文は「～吐きます」「～吐きません」と正反対のことを続けています。この二つの文は対比関係《たいひかんけい》になっています。

「小型で嘔吐する動物」が必要とされていた理由を次のようにまとめてみました。

実験動物であるマウスやラットには吐くための〔　　〕がない。

↓

嘔吐の研究には〔　　〕や〔　　〕、ときには〔　　〕を実験台にした。

↓

これらの〔　　〕では問題が多い。

↓

「小型で嘔吐する動物が」必要とされていた。

1 [1]段落《だんらく》のどこかから「一方、」ということばがぬけ落ちています。入れるのにふさわしいところを探《さが》し、あとに続く文の初《はじ》めの五字をぬき出して答えなさい。

□□□□□

「スンクスは吐《は》くぞ！」と興奮《こうふん》しながら言いました。すると周囲の人々は「何を今さら」といった表情《ひょうじょう》で「そりゃ、そうですよ」と平然《へいぜん》と答えたそうです。

「問題意識」が次の行で言いかえられています。どちらも「キーワード」です。

3 このとき齋藤教授《さいとうきょうじゅ》と周囲の研究者のちがいはなんだったでしょうか。そうです。齋藤教授は「問題意識《もんだいいしき》」をもっていたのです。嘔吐《おうと》の研究には今どんな問題があって、何が望《のぞ》まれているのかを知っていたのです。〈一方〉、周囲の研究者たちはこれまでにも何度もスンクスが嘔吐する様子を見てきたにもかかわらず、それが嘔吐研究にどれほど重要《じゅうよう》な意味があるのかを理解《りかい》していなかったのです。その後、スンクスが国際的《こくさいてき》な実験動物となって嘔吐研究に貢献《こうけん》したのは言うまでもありません。

4 「発見」とはたんに「初《はじ》めて見る」という意味ではありません。「ただ見る」だけでは発見ではありません。目の前に見えている事実の重要性に気づいてこそ「発見」なのです。

5 重要性に気づくためには「□」をもっていなければなりません。一体、自分は何を知りたいのか、世間が何を欲《ほっ》しているのか、何がまだ解明《かいめい》されていないのか、どんな事実がわかればその後どんな道が開けるのか。こうした□をもっていなければ発見はありえません。

〈池谷裕二《いけがやゆうじ》「薬の開発のために脳《のう》をきわめる」〉

*ラットやマウス　医学などの実験《じっけん》に使われるネズミの仲間《なかま》の小動物。
*嘔吐　吐《は》きもどすこと。
*デメリット　欠点《けってん》。不利《ふり》な点。
*肝硬変　肝臓《かんぞう》の病気の一つ。

2 ――線「平然と答えた」のはなぜか。その理由としてふさわしいものを記号で選びなさい。

ア　実験《じっけん》動物の体調にまで注意する必要《ひつよう》がないから。
イ　いままでにも何回も見ていてあたりまえだったから。
ウ　肝臓《かんぞう》の研究では嘔吐《おうと》のことは関係《かんけい》ないから。

［　　］

対比《たいひ》を表す〈一方〉が、何と何とをくらべているのか、そしてそれぞれのどんなことをくらべているのか、線を引いてはっきりと確認《かくにん》します。

齋藤教授　↔対比　［　　］

1～3段落《だんらく》と4～5段落は「具体例」と「筆者の考え」の関係になっています。齋藤教授がなぜ「発見」できたのか確認しましょう。「事実の重要性」に気づくことができたからです。それでは、なぜ「気づけた」のか、線を引いてみましょう。

3 二か所ある□に共通《きょうつう》してあてはまることばを、文中から五字以内《いない》でぬき出して答えなさい。

（出題例　東京・大妻中）

次の文章を読んで、下の1〜5に答えなさい。

「対比を表すことば」の前後にはヨコ線を引こう。

1 ロンドンのテムズ川のほとりに、有名なビッ*グベンのそびえる国会《こっかい》議事堂《ぎじどう》がある。テムズ川ごしに見る議事堂の風景《ふうけい》は、ロンドンを代表する景観《けいかん》だ。写真などで見たことのある人も多いだろう。この川の反対側(西側)の広場から、国会議事堂の見学ツアーが出発する。ガイドのあとについていくと、あっけないほどかんたんに、あの有名な下院(日本の衆議院《しゅうぎいん》にあたる)の議場《ぎじょう》のまんなかに案内《あんない》してくれる。

2 議場の中にはいって周囲《しゅうい》をぐるりと見まわしてみよう。〈まず最初《さいしょ》に気がつくのは、〉議場の形が長方形だということだ。日本もそうだが、フランスをはじめヨーロッパ大陸《たいりく》の諸国《しょこく》では、議場の形はたいてい馬*《ば》蹄《てい》形である。これは、演説《えんぜつ》にむいている議場の形だといわれている。〈それにたいして〉英国の議場では、多数党《たすうとう》の議員《ぎいん》と少数党の議員とがむかいあってすわる。これは、議場がディベート(討論《とうろん》)の場所であることをしめしている。議場の一階《いっかい》のつくりは、議長席《ぎちょうせき》と大きな書《しょ》記官《きかん》のテーブルをはさんで、段々《だんだん》になった五列のベンチがならんでいるだけ。メモをとるための机《つくえ》すらない簡素《かんそ》な構造《こうぞう》である。議長席から見て右手に与党《よとう》議員、左手に野党《やとう》議員がすわる。議員それぞれにいすがあるのではなく、緑色のベンチの好きなところに、勝手に腰《こし》をか

ガイド　〔　〕をうめながら、読み進めよう。

答え↓別冊12ページ

1段落《だんらく》は「具体例」です。この文章の話題は「イギリスの議事堂(議場)」のようです。

2段落が始まってすぐ「まず最初に気がつくのは、」という順番《じゅんばん》を示《しめ》すことばが出てきました。もちろん大事なのは〔　　〕ですから、ここにはタテの線を引いておきましょう。

2段落のなかばに「それにたいして」という対比《たいひ》を示すことばがあります。前後を調べてみましょう。

日本やヨーロッパの議場＝〔　　〕にむいている。

↔対比

英国(イギリス)の議場＝〔　　〕にむいている。

3段落に進むと「次に気がつくのは」という順番を示すことばがありました。「英国の議場」の二つめの特徴《とくちょう》がここではっきりします。

けることになっている。

3 〈次に気がつくのは、〉思いのほか、議場《ぎじょう》そのものがせまいということだ。それもそのはずで六百五十名をこす議員《ぎいん》にたいして、三百五十人ほどの収容力《しゅうようりょく》しかないのである。この議場は第二次世界大戦中にドイツの爆撃《ばくげき》をうけて破壊《はかい》されたが、再建《さいけん》にあたっては、全議員を収容《しゅうよう》できる大きな議場にすべきかどうかをめぐって意見が分かれたことがある。そのとき首相だったチャーチルが、次のような演説《えんぜつ》をしている。

4 「議場が全議員を収容できるほど大きいと、たいていの討論《とうろん》は、ほとんど空っぽか、少なくても半分ぐらいしか議員のいない、だらけた議場で行われることになる。これでは話す人も聞く人も張り合いがないし、傍聴人《ぼうちょうにん》も出席者《しゅっせきしゃ》の少ないのを見てがっかりすることであろう。

5 庶民院《しょみんいん》(下院)で上手に話す秘訣《ひけつ》は会話体にあり、気軽に四角張《しかくば》らずに相手の言葉《ことば》を素早《すばや》くとらえて意見を交換《こうかん》する技術《ぎじゅつ》にある。演壇《えんだん》からの演説はそれにとってかわる悪い代用品である。せまい議場でなければ会話体で話をすることができない。」

大切なことの「理由」は波線など区別できる線を引こう。

6 チャーチルは〈さらにつづけて、〉せまい議場にはいりきれないほどの議員がぎっしりつめかけている方が、緊張感《きんちょうかん》があってよいのだ、とも述《の》べている。この意見が大方《おおかた》の支持《しじ》を得て、下院の議場は現在《げんざい》のようにせまいままで再建されたのである。

7 ここからもわかるように、イギリスの議会では、長たらしい演説口《く》調《ちょう》の話し方は、決して歓迎《かんげい》されない。具体的な内容《ないよう》を、簡潔明瞭《かんけつめいりょう》に

---

1 議場《ぎじょう》に入って気づいたことを九字と十字で、二つぬき出して答えなさい。

3段落の終わりから6段落まで、チャーチルの演説の話題になります。「さらにつづけて」と順番を示すことばあり、議場がせまいほうがよい理由がつけ加えられています。

2 チャーチル首相が議場はせまい方がいいと考える理由を「〜から」が続く形で二十五字と九字で、二つぬき出して答えなさい。

から

から

話す方がよいとされている。この方が討論《とうろん》も活気づくからである。この討論の精神《せいしん》をいかすために、原則《げんそく》として原稿《げんこう》を棒読《ぼうよ》みするだけの発言も禁止《きんし》されている。

直前の内容の理由です。

後に示された「ルール」の理由です。

8 ただ、むきあって相手の顔を見ながら討論していると、人はだんだん興奮《こうふん》してくるものである。それが対立する政党《せいとう》の議員《ぎいん》同士でたたかわされる討論であればなおさらだ。そこで、イギリスの議会は、討論を冷静《れいせい》にすすめるための数かずのルールを生み出した。

9 相手をののしったり、侮辱《ぶじょく》したりする表現《ひょうげん》をゆるさないことはもちろんである。たとえば、法案《ほうあん》の審議《＊しんぎ》のなかで、一人の若手《わかて》議員が立ちあがり、政府《せいふ》を激《はげ》しく批判《ひはん》したとしよう。あまりの攻撃《こうげき》の激しさにむっとした首相が、発言のために立ちあがる。

「イギリスのかかえている困難《こんなん》はあまりに大きい。たとえて言えば、大なべたっぷりの水を熱湯にかえなければならないようなものである。では、ただいまの名誉《めいよ》ある議員の発言は、この状況《じょうきょう》にどういう貢献《こうけん》をするのでしょうか。まあさしずめ＊、なべの下でわらくずが、ぱちぱち燃《も》えているようなものだと存《ぞん》じます。」と、答えてさっさとすわる。

10 わらは威勢《いせい》よく燃《も》えるわりには、火力がない。つまり、「あなたの意見は、ことばづかいが激しいだけで、何の役にも立たない意見だ。」という比喩《＊ひゆ》である。ここで若手議員はひるんではいけない。自分の提《てい》案《あん》は有益《ゆうえき》なものであり、それがわからないのは首相の理解力《りかいりょく》のほうに問題があるのだという主張《しゅちょう》を、より洗練《せんれん》された比喩を使って反論したいところである。もちろん、この皮肉にどぎまぎしているようなら

具体例の部分にはヨコ線を引きます。

---

7 段落《だんらく》では、それまでの［　　］についての話題から［　　］に話題がうつっています。それに加えてどのような話し方がきらわれ、あるいは好まれるか書いてあります。

長たらしい演説口調の話し方＝歓迎されない
↔**対比**
簡潔明瞭に話す＝よいとされている

8 段落から「討論を冷静にすすめるためのルール」が話題になります。「討論を冷静にすすめるためのルール」を具体的《ぐたいてき》に説明しているのが、この後の **9** 段落からと見通しを立てましょう。

9 段落で注意したいのが、「たとえば」からの「具体例」の部分です。具体例は読者にとって話の内容を理解しやすくさせてくれるものです。「ルールの説明」がどのように整理されているのかを見落とさないように注意しましょう。

11 段落の初めに「さらに〜」という順番《じゅんばん》を示《しめ》すことばがあります。ようやくここで二つめのルールが示されたわけです。これに対応する一つめのルールを確認《かくにん》するために、もう一度、**9** 段落にもどり、具体例が始まる「たとえば」の前の部分に注目しましょう。

3 **イギリスの議会《ぎかい》での討論《とうろん》のルールを二十五字と二十六字で、二つぬき出して答えなさい。**

11 若手議員《わかてぎいん》の負けである。

「順番ことば」に続く部分に線を引きます。

〈さらに〉議場では、議員の名前を直接《ちょくせつ》は呼《よ》ばず、遠回しに表現するルールもある。相手を指さして「きみのいまの意見は……」などとやったら、どこの国だってたちまちけんかになるだろう。そこで名前を呼《よ》ばずに、まず選挙区《せんきょく》と職業《しょくぎょう》で相手議員を表現することになっている。それも*三人称《さんにんしょう》の最大限《さいだいげん》の敬称《けいしょう》をつけなければならない。たとえば相手が法律家《ほうりつか》の場合であれば、「ケント州選出《せんしゅつ》の、名誉《めいよ》ある博学《はくがく》の議員の意見について述《の》べたい。」などのように。

〈渡部淳《わたなべじゅん》『討論《とうろん》や発表をたのしもう』〉

*ビックベン　イギリスの国会議事堂《こっかいぎじどう》の時計塔《とけいとう》。
*馬蹄形　馬のひづめの形。
*審議　会議《かいぎ》に提出《ていしゅつ》された議案《ぎあん》について、くわしく相談すること。
*さしずめ　言ってみれば。
*比喩　たとえ。あるものごとを、それに似《に》た他《ほか》のものごとを借《か》りて表すこと。
*三人称の最大限の敬称をつける　ここでは、聞き手を「きみ」（二人称《ににんしょう》）と呼《よ》ばず、その人の職業《しょくぎょう》や地位などに最大限《さいだいげん》の敬意《けいい》を表した言い方で表現《ひょうげん》すること。

4 次の一文がどの段落《だんらく》の最後《さいご》に入るか、答えなさい。

もちろん、ユーモアを交えた発言は大歓迎である。

［　　　］段落

5 この文章を内容《ないよう》のうえで二つに分けたとき、後半の部分が始まるのはどの段落からか、答えなさい。

［　　　］段落

入試問題にチャレンジ

次の文章を読んで、下の問いに答えなさい。

「森が荒《あ》れる」ということばを聞くようになって、もうどれくらいの時間が経《た》っただろうか。①森が荒れる、という語にはふたつくらいの意味がありそうだ。ひとつはスギやヒノキを植林した森の手入れが行き届《とど》かない状況《じょうきょう》をさしている。植林の後、手入れされることなく放置《ほうち》され、*林《りん》床《しょう》には下草が生い茂り、下のほうの枝はきたなく枯《か》れ上がり、さらに幼樹《ようじゅ》が枯れてできた空間には「雑木《ざつぼく》」がはびこる。山が荒れるとはそのような状況をさす。要するに、「北山杉《すぎ》」の美林、「秋田杉」の美林といわれたような、林業家のたましいのこもったような森が失《うしな》われてきたというのだ。これはまさに雑草《ざっそう》だらけの田に起きていることと*軌《き》を一《いつ》にする。

もうひとつ、森が荒れているというのは、竹林が拡大《かくだい》し、森を侵食《しんしょく》している状況をさしている。とくに里に近い森では、それまでさほどでなかった竹林の拡大が著《いちじる》しいという。たしかに関西《かんさい》地方の山々を見ていると、そのことが実感される。竹林の拡大は、ひとつには人びとが竹林にはいってタケノコを採《と》らなくなったからだといわれる。むろんちゃんとしたタケノコを採ろうとすれば竹林にも手を入れ管理《かんり》してやる必要《ひつよう》があるが、管理はおろか身近な竹林のタケノコさえ採らなくなったために竹林が拡大しているのである。

答え➡別冊32ページ

問1 ——線①「森が荒れる」をわかりやすくまとめた次の文の［1］～［3］にふさわしいことばを、（ ）内の字数で問題文からぬき出して答えなさい。

筆者は、「森が荒れる」とは［1］（25字）と［2］（17字）という二つの状況《じょうきょう》をさすと言っている。また、これらの原因は［3］（15字）であるとしている。

ふたつの現象《げんしょう》には共通《きょうつう》する原因《げんいん》がある。人が森に手を入れなくなったことである。かつては杉林も竹林も、どちらも人の手が加《くわ》わった生産《せいさん》の場であった。よく手入れされた杉林や竹林はたしかに見た目にも美しく、日本の美として写真集などにも登場した。だがもともとスギやヒノキの森は季節《きせつ》の変化《へんか》にとぼしく、「春の新緑」や「秋の紅葉《こうよう》」のような変化をとげることがない。また、そこに生息できる昆虫《こんちゅう》や動物種も限られ、※生態学的《せいたいがくてき》な意味からも歓迎《かんげい》される樹種《じゅしゅ》でない。

タケの仲間《なかま》についても同じである。まず根は浅《あさ》く、山くずれなどにはまったく弱い。またタケはしばしば他の植物との共存《きょうぞん》を拒否《きょひ》し、純林《じゅんりん》を構成《こうせい》する。竹林の林床《りんしょう》に草一本生えていない様を見たことのある人も多いだろうが、それはタケの葉などにふくまれる特殊《とくしゅ》な物質《ぶっしつ》のせいとも思われる。そのために竹林内の多様性《たようせい》は減少《げんしょう》し、タケノコ以外《いがい》の森のめぐみにとぼしくなる。

こうした特殊性《とくしゅせい》の上に、最後《さいご》のたのみであった経済的価値《けいざいてきかち》を失《うしな》って、杉林や竹林はいまや森の問題児《もんだいじ》にされてしまった。だが、山を荒らしたのは人のほうなのだ。山が荒れるというのは、もともとが人の手の入った山に、人の手が入らなくなった結果《けっか》起きた必然的帰結《ひつぜんてききけつ》にすぎない。荒れる、というのは人の勝手を言い分であり、山にしてみれば※遷移《せんい》の法則《ほうそく》にしたがってその土地にもっともふさわしい森に回帰しようとしているにすぎない。その過程《かてい》が人にはきたなく、また無価値《むかち》に見えるというだけのことにすぎないのである。

一方、今、原始の森にあつい視線《しせん》が注がれる。

ヒント

問1 順番《じゅんばん》ことばを手がかりに「二つの状況」を見つけよう。

いく年か前の秋、私《わたし》は念願《ねんがん》かなって白神《しらかみ》の森を訪《おとず》れることができた。「ブナの原生林」として有名になったそこは、世界遺産《いさん》になったこともあって、ここ何年か、訪れる観光客《かんこうきゃく》の数も大幅《おおはば》に増《ふ》えたという。原生林などほとんど目にしたことがなかった私は、その日が来るのを心待ちにしていた。原始の森という語や雑誌《ざっし》などが書きたてるイメージに想像《そうぞう》をふくらませ、原始の森と縄文《じょうもん》の森のイメージを重ねていたのである。

だが、白神の森で生計を立ててきた＊マタギの工藤光治さんの話は、②私のイメージを打ちくだいてしまった。工藤さんによれば、白神の土地はもろく、しばしば山くずれを起こすという。山くずれを起こした土地は裸地《らち》となって草が生《お》いしげる。一種《いっしゅ》の＊攪乱《かくらん》地形である。山菜《さんさい》ともいわれるある種の草本はこういう攪乱地形を好んで生える。マタギの人びともそうした土地に生《は》える山菜を、採《と》りながらも護《まも》ってきた。たとえば採《さい》集《しゅう》にあたって株《かぶ》の一部を残すとか、切り口がくさらないように手当てをするという具合である。彼らはまた、山菜、キノコをはじめ、さまざまな物資《ぶっし》を手に入れるために山に手を入れてきた。マタギの人たちは、白神の森をまったくの＊アンタッチャブルの森として見てきたのではない。大事な資源《しげん》の再生《さいせい》を考えながら森を育ててきたのである。それは、原始の森ではない。そこはまさしく人の手の入った森――里山なのである。

だが、世界遺産に指定されたのは、「自然の森としての白神」である。自然《しぜん》遺産と＊銘《めい》打った以上、そこに人の手が加わることはゆるされない。だから白神も、その中心の部分では人の手を加えることが一切禁止《いっさいきんし》されているという。だがそれではマタギの人びとの生活は護れない。マタギ

問2 ――線②「私のイメージを打ちくだいてしまった」とあるが、筆者のイメージした「白神の森」と、実際《じっさい》の「白神の森」を表す二～四字のことばをそれぞれ問題文からぬき出して答えなさい。

(1) 筆者のイメージした「白神の森」

(2) 実際の「白神の森」

の人をふくめて立ち入りや生業を禁止することで白神のブナの森が護《まも》れるというなら、それはそれでひとつの選択《せんたく》なのかもしれない。だが、③マタギをふくめた人びとの手を遠ざけることで、ブナの森は護れるのだろうか。私はそこに疑問《ぎもん》をいだいている。もっと*直截《ちょくせつ》にいうなら、白神のブナの森を原始の森と位置《いち》づけることの正当さを、私《わたし》は疑《うたが》ってみたいのである。

私たちは、ともすれば人間と自然《しぜん》とを機械的《きかいてき》に*対峙《たいじ》させ、自然を護るということを、人を排除《はいじょ》することだと考えがちである。自然のなかには、人間を寄《よ》せつけない自然があるのも確《たし》かだろう。だが多くの「自然」には、大なり小なり人間の手が加わっている。あるいは元来、人は自然の一構成者《こうせいしゃ》にすぎない。そして私たちが日常《にちじょう》目にする「自然」は、大なり小なり人の手を受けて成立してきた「自然」なのである。そこから人の手を排除するなら、目の前の「自然」は早晩《そうばん》、その姿《すがた》を変えてゆくことだろう。

〈佐藤洋一郎《さとうよういちろう》『里と森の危機《クライシス》』〉

*林床　森林の土地の表面。
*軌を一にする　進む方向がいっしょである。
*生態学　動物や植物どうしの関係《かんけい》や、環境《かんきょう》との関係を調べる学問。
*遷移　ある場所の動物や植物の種類《しゅるい》が一定の方向に変化していく現象《げんしょう》。
*マタギ　山深い森で狩《か》りを行って暮《く》らす人の集団。
*攪乱　かき乱《みだ》すこと。
*アンタッチャブル　手をつけることを禁止《きんし》すること。
*銘打った　名目をかかげた。
*直截に　すぐに。ずばりと。
*対峙させ　向き合わせ。対立させ。

問3 ――線③「マタギをふくめた～護れるのだろうか」とあるが、「マタギ」が森をまもってきた具体的《ぐたいてき》なようすが書いてある一文を探《さが》し、初《はじ》めの五字をぬき出して答えなさい。

（東京・跡見学園中）

ヒント

問2 「筆者のイメージ」＝「人の手が入っていない」↕「実際の姿」＝「人の手が入っている」という対比をもとに、この二つの状況《じょうきょう》を端的《たんてき》に表していることばを探《さが》そう。

問3 一般的なことがらから、具体的な例をあげるときのつなぎことばがヒントになる。

1 見つけにくい「筆者の考え」を見つけ出そう

ステップ1

随筆《ずいひつ》文はすぐれた「作文」。

随筆文は、筆者が自分の経験《けいけん》を通して気づいたことや考えたことをまとめた文章です。物語文が「作り話」であるのに対して随筆文は「できごと（＝事実）」をもとにしていて、説明文《せつめいぶん》に近いともいえます。キミたちがふだん書いている「作文」や「感想文」と似《に》ていますね。

ステップ2

説明文《せつめいぶん》とちがい、「できごと」を中心に書いているため、筆者の気持ちや考えが見つけにくい。

「随筆文《ずいひつぶん》を読んでいても何が言いたいのかよくわからない」という声を聞くことがあります。それはおそらく、説明文のように「具体《ぐたい》例《れい》」と「筆者の考え」がはっきりと書き分けられていないからではないでしょうか。「経験《けいけん》（＝できごと）」の説明が「気持ち（＝考え）」をふくめて書かれていることがよくあるのです。

↓ やってみよう1

やってみよう1

（ア）と（イ）の文のうち、どちらが「気持ち」か、記号で答えよう。

① 小さな子どもが母親の荷物をいっしょに持っている。（ア）
ぐうぜん見かけたほほえましい親子だった。（イ）

② こんな店には二度と来るまいと決めた。（ア）
長い時間待たされたのに味はたいしてよくない。（イ）

答え ①＝（イ） ②＝（ア）

やってみよう2

次の文章で「父」を「筆者」がどのように思っているのかが書かれている段落を二つ答えよう。

1 伯父《おじ》に当たる養父《ようふ》はこわい人ではなかったが、胸襟《きょうきん》をひらいて打ちとけるという人でもなかった。だから「お父さん」と呼《よ》んだことは一度もない。たいていの場合「オヤジサン」と呼んで、父との間に溝《みぞ》を一本掘《ほ》って接《せっ》していた。溝をこしらえておかないと、足をすくわれるのである。うっかりこっちが気をぬいて接すると、嫌味《いやみ》たっぷりに小馬鹿《こばか》にするのである。

2 中学生のとき、二階の子供部屋で机《つくえ》に向かって宿題をやっ

ポイント16 筆者が話題にしている「できごと」にはヨコ線、それに対する「感想」にはタテ線を引いて読み分けよう。

説明文《せつめいぶん》の章で、「具体例《ぐたいれい》」と「筆者の考え」の部分で異《こと》なる線を引くことを学んだように、線の引き方を工夫《くふう》して内容《ないよう》を読み分けましょう。ただ、説明文とちがい、随筆文《ずいひつぶん》ではそれぞれが書かれている場所がはっきりと区別《くべつ》されていないことが多いので、ヨコ線の範囲《はんい》の中にタテ線を引くことでわかりやすく目立たせることもできます。

やってみよう２

ていたところ、父親が階段《かいだん》を上がってくる足音がした。一生《いっしょう》懸命《けんめい》に勉強している姿《すがた》を見てもらおうと、夢中《むちゅう》で鉛筆《えんぴつ》を走らせている私の後ろに立って父親は一言いったものだ。「なんだまねごとか」と。

3 とはいえ骨董商《こっとうしょう》の修業《しゅぎょう》のために父の下で働くことは、それほど嫌《いや》なことではなかった。それは父親が、取りつく島もないように見えていて、情《じょう》にもろいところがあったからだ。そのうえ小僧《こぞう》からたたき上げた苦労人《くろうにん》だけあって、相手をとことん追い詰《つ》めず逃《に》げ道を開けておいてくれたからである。強情《ごうじょう》であることにかけては、父親より私《わたし》の方が数段《すうだん》上である。おまけに私が無類《むるい》の歴史好《れきしず》きで、なぜか落語家志望《しぼう》なんてところは、テキもセイノスケには絶対《ぜったい》かなわないことを承知《しょうち》していたのだ。

4 だからというわけでもなかろうが、父親は私にモノを教えなかった。何を聞いても鼻で笑《わら》って横を向くばかりである。しまいにこちらも絶対に聞こうとはしなくなった。知りたいことがあれば嗅《か》ぐのである。そして嗅ぎまわっていることを気づかれないように、素知《そし》らぬ顔をしているのである。

5 これでは普通《ふつう》の親子関係《かんけい》は成立《せいりつ》しない。しかし、徒弟関係《とていかんけい》は見事に成り立つのである。だから目利《めき》きになるのだ。目利きのような仕事は、教えてもらってわかるものではなく、体で覚《おぼ》えるものなのだ。

〈中島誠之助《なかじませいのすけ》「古伊賀《こいが》に憑《つ》かれた男」〉

答え 1・3段落

父を家族としてみるときと、骨董商としてみるときと異《こと》なる感想がそれぞれの段落で書かれています。

2 皮肉、強がり、あきらめ……筆者の本心を読みとろう

ステップ1

随筆文《ずいひつぶん》でも大切なのは「気持ちや考え」を読みとること。

いくら「できごと中心」で書かれているとはいっても、やはり筆者の気持ちや考えを正確《せいかく》に理解《りかい》しなければ問題を解《と》くことはできません。物語文を読むのと同じように「筆者の気持ちを読みとる」つまり、文中に書かれていることを手がかりにして書かれていないことを考えなくてはならないのです。

ステップ2

「気持ちや考え」をあえてはっきり書かないことで、読者に「味わい」を感じさせようとすることもある。

随筆文《ずいひつぶん》の中には、筆者が皮肉や強がり、そしてあきらめ、といったように「逆《ぎゃく》の表し方」をすることで、自分の気持ちや考え方をふつうに書くよりも強調して伝《つた》えるという「おもしろさ」を出すものがあります。読者はそれもふくめて理解《りかい》することで、文章のおもしろさをいっそう味わうことができるのです。

↓ やってみよう1

やってみよう1

次の文のうち、「気持ち」をそのまま表しているものに○、わざとちがう表し方をしているものに×をつけよう。

① 応援《おうえん》している野球チームがなかなか勝てずくやしがっている兄が「このチームは弱いから面白いんだよ」と言っている。

② ケーキを買い忘れたことを何度も謝《あやま》る母がかわいそうで、「謝らなくてもいいよ。あまりおなかがすいてないから」と言った。

答え ①＝×　②＝○

♪ ②は本心ではがっかりしているかもしれませんが、母がかわいそうで言ったことですから、その気持ちをそのまま表しているといえます。

やってみよう2

——線「まこと、ひとり旅は楽しいものなのだ」にふくまれる筆者の気持ちとして、ふさわしいものを記号で答えよう。

ア 強がり　イ 後悔《こうかい》　ウ おどろき　エ 皮肉

汗《あせ》がふき出してきた。八つ目のS字(カーブ)や九つ目やら、わからなくなってきた。引き返すことも考えたが、そのためには当然《とうぜん》のことながら来た分を逆《ぎゃく》に踏破《とうは》しなくてはならない。それ

ポイント 17

実際《じっさい》に書かれている「できごと」とは正反対の「できごと」を思い浮《う》かべ、筆者ならそれをどう思うか想像《そうぞう》することによって、筆者の本心を読みとろう。

左の図のように、一度正反対の形にして考え、最後《さいご》にそれを逆にしてみると筆者の本心が読みとれます。もともとが正反対の形だったら、きっと筆者は文章を書こうという気持ちにならなかったでしょうね。

[例] 老人《ろうじん》が電車で立っていても、座席《ざせき》の若者《わかもの》はゲームに夢《む》中《ちゅう》。日本ほど年寄《としよ》りに親切な国はない。[皮肉]

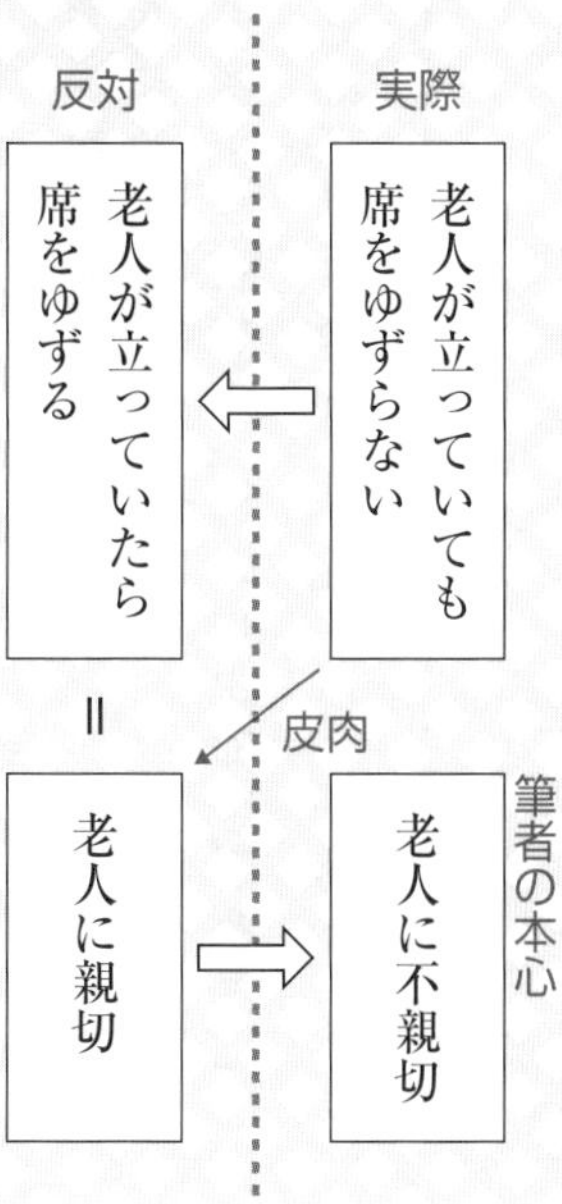

やってみよう 2

に、目の前の一つを越《こ》えさえすれば、眼下《がんか》に九鬼《くき》の町がひろがっているかもしれないのだ。

十いくつ目。腹《はら》といわず脚《あし》といわず、筋《すじ》を引いて汗《あせ》が流れ落ちるのがわかった。背中《せなか》に下着がへばりつき、からだが鉛《なまり》のように重い。立ちどまってみても、どうなるものでもない。モーローとした頭で先に行くことだけを考えていた。

ゆっくり車がやってきたとき、われ知らず両手をひらいて立ちふさがった。つづいて車体にしがみつき、もよりの駅まで乗せていってほしいと哀願《あいがん》した。よほどせっぱつまった顔をしていたのだろう、サラリーマン風の若《わか》い人がドアを開けてくれた。文字どおり座席《ざせき》にころげこんだ。

（中略）

尾鷲《おわせ》駅頭で下ろしてもらったあと、缶《かん》ジュースを立てつづけに五つ飲みほしたから、そうとう脱水状態《だっすいじょうたい》におちいっていたのだろう。ひとごこちついたあと、あらためてタクシーに乗って九鬼へ向かった。タクシーは巨大《きょだい》なトンネルに躍《おど》りこみ、ダイダイ色の明かりの中をまっしぐらに走っていった。その山の背《せ》を、つい先刻《せんこく》まで汗まみれで、ベソをかきながらはいずっていた男がいる。それがいま冷房車《れいぼうしゃ》の中で悠然《ゆうぜん》と足を組んでいる。まこと、ひとり旅は楽しいものなのだ。

〈池内紀《いけうちおさむ》『ひとり旅は楽し』〉

答え ア

筆者のようすから「楽しさ」は感じられず、こうした経験こそ「楽しさ」だという主張《しゅちょう》にはいくらかの強がりがあるようです。しかし、それもユーモアとしてこの文章のおもしろさにつながっているのです。

3 「具体《ぐたい》」と「抽象《ちゅうしょう》」を理解《りかい》しよう

ステップ1

筆者が経験《けいけん》した「具体的《ぐたいてき》なできごと」には、他《ほか》のことにもあてはまるような「タネ」がある。

4章1の「やってみよう2」の「骨董商《こっとうしょう》の父親」も、4章2の「やってみよう2」の「何時間も歩いた山道」も、いずれも筆者の個人的《こじん》な経験《けいけん》にすぎません。しかし、**筆者はそれを通して読者に何かを伝《つた》えようとして文章を書いているのです。**その「何か」が少しでもイメージしやすくなるように「タネ」というたとえを使ってみます。

ステップ2

「タネ」がだれもが共感《きょうかん》できたり、経験《けいけん》できたりすることにひろがりをもつことを「抽象化《ちゅうしょうか》する」と言う。

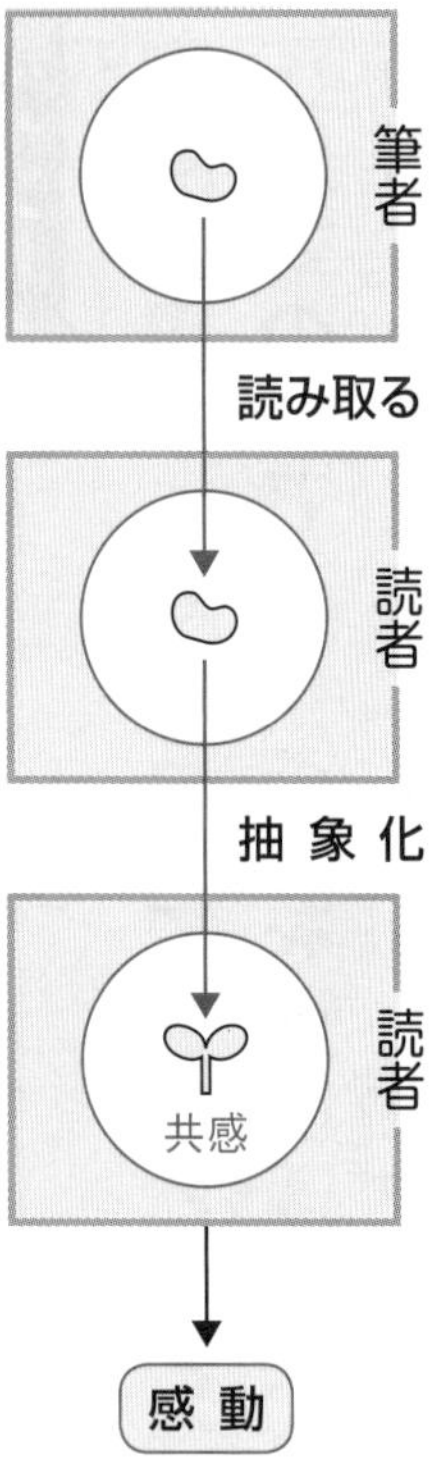

やってみよう 1

次の文を具体的《ぐたいてき》なものから抽象的《ちゅうしょうてき》なものへ順《じゅん》にならべかえよう。

ア 注文通りの料理《りょうり》がこなかったので作りかえさせた。

イ スクランブルエッグを注文したのに目玉焼《めだまやき》きが出されたので、謝る店員に作りかえるよう命じた。

ウ はっきりと自己主張《じこしゅちょう》した。

答え イ→ア→ウ

やってみよう 2

次の文章で筆者は、外国人旅行客の年配女性《じょせい》たちがレストランで自分の注文とちがう料理を店員につき返すようすを見て考えたことを書いています。筆者が気づいたことの中でもっとも大切なことを探《さが》し、線を引こう。

1 数えるほどだが外国を回ってみて、西欧《せいおう》の女たちが、料理の注文ひとつにも、実にはっきりと自己主張するのを、目《ま》のあたりに見てきた。正しいことだし、立派《りっぱ》な態度《たいど》だといつも感心する。見習わなくてはいけないと感心しながら、私《わたし》はなかなかできないでいる。

2 たかがひとかたけ*の食事ぐらい、かたいゆで卵《たまご》を食べようが、オムレツを食べようが、おなかに入ってしまえば同じ卵じ

「骨董商《こっとうしょう》の父親」「何時間も歩いた山道」という「具体的なできごと」は、それぞれがたとえば、「厳《きび》しさのなかにある温かさ」「おさえきれない好奇心《こうきしん》」のような、**だれにでも共感できる「抽象的《ちゅうしょうてき》なこと」に広がっていくことで読者の心を動かす**のです。筆者が伝《つた》えようとする「タネ」を見つけるには着目してほしい部分があります。

↓やってみよう 1

ポイント 16

「タネ」は「できごと」以外《いがい》の部分に書いてあるので、波線や太いタテ線を引いて目立たせよう。

随筆文《ずいひつぶん》は「できごと」中心に書かれていて、さらに筆者の気持ちや考えがそこにふくまれていることも少なくありません。そのような「できごと」以外の部分に、実は筆者が伝えようとしている「タネ」が書かれていることがあるのです。「できごと」のようにスラスラ読めるような書き方ではありませんので注意深く読みましょう。

↓やってみよう 2

やないか、というところがある。注文をまちがってもらったおかげで、私はモロッコで食べたこともない不思議《ふしぎ》な葱《ねぎ》のようなサラダを食べることも出来た。

3 ひと様の前で「みっともない」というのは、たしかに見栄《みえ》でもあるが＊含羞《がんしゅう》でもある。恥《はじ》らい、つつしみ、他人への思いやり。いや、それだけではないもっとなにかが、こういう行動のかげにかくれているような気がしてならない。

4 人前で物を食べることのはずかしさ。うちで食べればもっと安くすむのに、といううしろめたさ。ひいては女に生まれたことの決まりの悪さ。ほんの一滴《いってき》二滴だが、こういう小さなものがまじっているような気がする。もっと気張《きば》って言えば生きることのおそれ、というか。

5 ＊ウーマン・リブの方たちから見れば、風上にも置けないとおしかりを受けそうだが、私は日本の女のこういうところがきらいではない。生きる権利《けんり》や主張《しゅちょう》は、こういう上に花が咲《さ》くといいなあと、私は考えることがある。

〈向田邦子《むこうだくにこ》『男どき女どき』〉

＊ひとかたけ　一回（の食事）。
＊含羞　はずかしいと思う気持ち。
＊ウーマン・リブ　女性であるために受ける不利益をなくし、男性と同等の社会的地位を求める運動。

答え　（18行目）生きることのおそれ

♫ 筆者の意見は4・5段落に書かれています。とくに5段落には「こういうところ」「こういう上に」という、前に書かれたことをくり返すことで強調している部分があります。

ガイド付き

練習問題 1

次の文章を読んで、下の 1 ～ 3 に答えなさい。

1 「で、そんなにたくさん［写真］をとって、君は帰ってから、その写真をじっくり見たことがあるのかい。」

2 そう言われて、①私《わたし》はギクとした。何十本、ときには一回の旅で百本以上《いじょう》のフィルムにさまざまな風景《ふうけい》をおさめながら、実を言うと、私はそのほとんどを見たことがないのだ。

3 しかし、考えてみると、こうしたことは、なにも写真に限《かぎ》らない。［ビデオの場合］だってそうだ。興味《きょうみ》をひくテレビの番組があると、私は女房《にょうぼう》に、必《かなら》ずビデオをとっておくように頼《たの》む。そんなビデオが今やかなりの量《りょう》に達《たっ》した。だが正直に告白《こくはく》すると、これまでとったビデオの一本たりとも私は見たことがないのである。だから、この番組を忘《わす》れずにとっておいてくれ、と頼むと、女房は顔をしかめて、「また？　そんなこと言ったって、あなたったらビデオを見たことがないじゃないの。」と言う。だが、こちらとしては、いつか見ようと思っているのだ。が、見ない。いつでも見られるという安心感だけで終わってしまうのである。

（筆者の感想です。線を引きます。）

4 まだある。［新聞や雑誌《ざっし》の切り抜《ぬ》き］である。その切り抜きはそれこそ山のようにあるが、恥《はじ》をさらして言えば、これまで私はついぞ、そ

ガイド ［　　　］をうめながら、読み進めよう。

答え➡別冊16ページ

1 段落《だんらく》で言われた通り、筆者はたくさんの写真をじっくり見たことはなかったようです。「ギクとした」は、自分ではまったく気づいていなかったことを言われたということでしょう。

1 ——線①「私はギクとした」とあるが、このときの気持ちとしてふさわしいものを記号で答えなさい。

ア 自分では気づいていなかったが、言われた通りなので、おどろいている。

イ 自分がこれまでかくしていたことを知られてしまい、とまどっている。

ウ 自分に対して敵意《てきい》むきだしで反論《はんろん》してくる相手に腹《はら》を立てている。

［　　　］

「筆者の体験」も細かくみると話題によって三つに分けることができます。

［　　　］の場合

［　　　］の場合

［　　　］の場合

れを利用《りよう》したことがない。しかも、切り抜いたり、コピーしたりした記事に限《かぎ》って、切り抜く前にじっくり読んだためしがないのだ。後で丹念《たんねん》に読めばいいと、ついそう思うからである。カメラ、ビデオ、複《ふく》写機《しゃき》、こうした便利《べんり》な道具によって、私は自分ながら情《なさ》けないほどふまじめになってしまった。

これも感想です。

5 なるほど*藤田氏《ふじたし》の言うとおりである。カメラに頼《たよ》れば、無意識《むいしき》のうちに風景を真剣《しんけん》に見つめなくなる。人生は日々一期一会《いちごいちえ》である。その心構《こころがま》えが次第にうすれて、②人生を漫然《まんぜん》とした安心感だけでやり過《す》ごしかねなくなる。私《わたし》はいたく反省《はんせい》した。だが、こうした人間の易《やす》きにつく本性《ほんしょう》については、すでに二千年以上も前に*荘子《そうし》がちゃんと警《けい》告《こく》しているのである。彼《かれ》はこう言っているのだ。③機械《きかい》あれば必ず機事《きじ》あり、機事あれば必ず機心《きしん》あり。すなわち、機械を使うと必ず機械に依存《いそん》する仕事が増《ふ》える。仕事が増えれば、いよいよ機械に頼《たよ》らなければならなくなる。すると、やがて必ず機械に頼る心が生じ、それが健康《けんこう》な人生の営《いとな》みを損《そこ》ね、「道」からいよいよ遠のいてしまう、というのだ。

〈森本哲郎《もりもとてつろう》「二十一世紀のおそろしさ」〉

だれにでも共感できるように抽象化している部分、つまり「タネ」の部分は波線などで目立たせよう。

*藤田氏の言うとおり　藤田氏は画家で、筆者と旅行中「カメラという便利《べんり》な機《き》械《かい》があると、つい、それに頼《たよ》って人間は対象《たいしょう》を見つめなくなるんだな」とつぶやき、問題文の最初《さいしょ》にある質問《しつもん》をした。

*荘子　古代中国の思想家《しそうか》。

この文章の中で「筆者の体験」が書かれているのは1～4段落です。ヨコ線を引いておきましょう。

前半の「体験」部分の「具体的なこと」が、後半の「考え」部分では「一期一会」や「荘子の警告」に広がっています。「具体《ぐたい》→抽《ちゅう》象《しょう》」という形をとって「読者に伝えたい考え」を説明しています。

→［　　　］に頼《たよ》らず、［　　　］に見つめることが人間にとって大切である。

2 ——線②「人生を漫然とした安心感だけでやり過ごしかねなくなる」とあるが、「新聞や雑誌の切り抜き」の場合ではどのように思うことか。問題文から一続きの二文を探《さが》し、その部分の初《はじ》めと終わりの五字をぬき出して答えなさい。

初め

終わり

3 ——線③「機械あれば必ず機事あり、機事あれば必ず機心あり」とあるが、「機心」とはどんな心のことですか。文中から六字でぬき出しなさい。

（出題例　兵庫・神戸海星女子学院中）

次の文章を読んで、下の1～3に答えなさい。

（1）

アメリカに来て、子供たちは、週のうち五日間は、現地《げんち》のファームランド小学校にかよい、土曜日だけは、日本語学校にかようことになった。ファームランド（農地）小学校の、シンボルマークは、校名にぴったりの、カカシ。校内のどこにも、やぶれぼうしに、つりズボンのかわいいカカシくんの人形や絵がかざってある。

校舎《こうしゃ》は、赤レンガ建《だ》てで、まわりにはりんごの木があり、リスたちが遊びまわっている。森にかこまれた校庭が、ぜんぶしばふ、というのには驚《おどろ》いた。

先生たちは、机《つくえ》にこしかけて、コーヒーカップ片手《かたて》に授業《じゅぎょう》している。校長先生は、ドクター・ウェハーというのだが、日本の子供たちは、「ドクター・ウエハゲ」と呼《よ》ぶのだ。彼《かれ》は、ほんとうに頭のまんなかだけハゲていて、白いふわふわぼうしを、チョコンとのせて歩いている。おまけに〝おやつの時間〟まである。人形をだっこして登校する子もいる。

子供たちは、学校にすぐとけこんだ。帰ってくると、公園でフットボールや、サッカーをして、暗くなるまでよく遊んだ。

しかし一か月ほどすると、息子の淳《じゅん》が、やたら学校でケンカをする

答え➡別冊18ページ

ガイド　〔　　　〕をうめながら、読み進めよう。

筆者の一家はアメリカに引っ越《こ》してきました。「子供たち」は現地の学校に通い出します。

現地の学校のようすです。日本の小学校とちがう自由な雰囲気《ふんいき》に筆者はおどろいたようです。

すぐにとけこんだ「子供たち（淳）」でしたが、問題が起こります。

ようになった。淳のいらだちの原因《げんいん》は、いろいろあった。ことばの問題が、やはり大きかった。

生来、*風来気質《ふうらいきしつ》のある淳には、クラスの自由ムードが、よく合ったから、しゃべりたくて、友だちがほしくてしょうがない。しかし、周囲《しゅうい》は、チンプンカンプンの英語《えいご》のカベである。しかも、日本語は禁《きん》じられている。たまらなくなって、淳は、日本語でさけぶ。ひとりごとをいう。

彼《かれ》は、自分の話す日本語に、だれよりも自分自身が傷《きず》ついているのだった。

担任《たんにん》の、ミセス・ローリーから呼《よ》びだしがあったのは、十一月初旬《しょじゅん》のことである。教室には、彼女《かのじょ》と、イーソール（英語を話せない子供を対象《たいしょう》に英語を教えるクラス）担任《たんにん》の、ミセス・ラットクリフが、私たちを待っていた。彼女たちは、一言ずつはっきり発音しながらいう。

「ジュンは、大声で、ニホンゴをしゃべって、授業《じゅぎょう》のじゃまをする」

「ジュンは、教室から*エスケープする。ジュンは、トイレになんどもいく。私は、彼をつれもどしにいく。彼は、またエスケープする。ジュンは……」

淳は、正直な、感受性《かんじゅせい》のつよい子だということ。ほんとうは、学校が大好《だいす》きなのだということ。小さいときから、ひっこしばかりして、学校をかわったのは、これで三度目なのだということ。父親は、そういうことを、率直《そっちょく》に、先生たちに話した。そばで聞いている私《わたし》には、話している彼のもどかしさが、よくわかる。ものごとの輪郭《りんかく》を、はっきり説明《せつめい》すればするほど、英語からは、かんじんなものがぬけおちてしまう、そ

「淳」の気持ちに線を引きます。

息子の淳が学校でケンカする原因《げんいん》が書かれています。「淳の気持ち」をまとめてみよう。

↓クラスにとけこみたいのに、［　　　　］があるため、好きなように話すことができず、［　　　　］をおさえることができなくなる。

「淳」を見守る筆者と父親が先生に理解《りかい》してほしかったことをまとめてみよう。

↓わがままな子供なのではなく、

［　　　　］こと

学校がいやで教室をぬけだすのではなく、

［　　　　］こと

引っ越《こ》しばかりして

［　　　　］こと

のもどかしさが。

けれど、先生たちは、深くうなずきながら、熱心《ねっしん》に話を聞いてくれた。

「ジュンは、サッカーがとてもうまい。みんなは、ジュンを自分のチームにほしいといっている。算数もよくできる」

ミセス・ローリーがいったとき、私《わたし》たちはうれしかった。

話しあいは、一時間足らずで終わった。もう、授業《じゅぎょう》のはじまる時間だった。私たちは、早朝の七時半から、学校にきていたのである。

フランス人形のような顔立ちの、スラリと美しい、ミセス・ラットクリフは、別《わか》れぎわにいった。

「私は、ギリシャや、イタリアや、いろいろの国をまわりました。小さかった息子《むすこ》は、苦労《くろう》しました。私も苦労しました」

そうか、それでこのひとは、イーソールの先生になったのだろう。きっと。

学校の前には、黄色のスクールバスが、何台もとまっている。その中の一台に乗って、うちの子供《こども》たちも、登校したはずだった。

(2)

現地校《げんちこう》で一戦構《いっせんかま》え、日本人の少年仲間《なかま》たちと何かイザコザがあり、淳《じゅん》は、傷《きず》ついて帰ってくる。おおかたの察《さつ》しはついても、私は、すこしはなれてだまって見ている。

十一歳。思春期のほんのすこし手前で、子供時代の最後《さいご》をすごしている淳には、父親が必要《ひつよう》なのだ。


ラットクリフ先生も息子が同じような経験をしていたので淳の両親の気持ちを理解《りかい》してくれています。

ケンカをした「淳」をしかったり、だれとケンカしたのか問いつめたりせず、「淳」の気持ちが落ち着くのを見守っています。

父親が帰ってきて、親子四人、夕飯《ゆうはん》の丸いテーブルをかこむ。あるいは、淳が父親といっしょに、お風呂《ふろ》に入りたがる。そういう時に、淳は、ポツリポツリと、①昼間あったいやなことの一部を、いいことや、楽しいことの中に、まぜてしゃべる。だれも何も言わないが、淳の一番痛《いた》い部分が、みんなにはわかる。

顔をはらして帰った日、淳は、だれになぐられたのか言わなかった。夕飯がすんで、外はまだ明るい。父親と息子《むすこ》は、何か相談していたが、グローブとボールを持って、どこかへ出てゆく。こういう時の淳の父親は、さり気なく、たのしそうにしている。そして、すこし汗《あせ》をかいて帰ってきた時も、さり気なく、やはりたのしそうだ。息子の方は、すっかり、塩気《しおけ》というか、湿気《しっけ》のぬけた顔をして帰ってくる。

二人でお風呂に入り、二人で子供部屋にひっこみ、ベッドの上で将《しょう》棋《ぎ》を始める。しばらくすると、淳の、キャッキャさわぐ声にまじって、「飛車角《ひしゃかく》ぬきで、やってやってんだよ。しっかりしろよ」とか、「おまえなあ、もう、アホなケンカは買うなよなあ」と、ボソボソ言う声がきこえる。何回戦《なんかいせん》かやっているうちに、父親の方がおもしろくなり出して、そのうち夜もずいぶんおそくなる。

そして、いつも、「今夜は、宿題、せんでよろしい」ということになるのである。

息子をなぐったのは、一度か二度しかない父親である。頭から、カミナリを落としたのを見たことがない。

五歳《ごさい》にもならない小さいころに、生みの母からひきはなされ、さびし

---

1 ——線①「昼間あったいやなことの一部を、いいことや、楽しいことの中に、まぜてしゃべる」とあるが、このようにしゃべるのはなぜか。ふさわしいものを記号で答えなさい。

ア いいことや楽しいことを思い出すうちにいやなことを忘れかけてしまうから。

イ つらい気持ちを聞いてほしいが、家族に心配をかけたくない気持ちもあるから。

ウ いやなことばかりではなく、楽しいこともあったと自分に言い聞かせたいから。

［　　］

「淳」の気持ちが変化しています。父親の接《せっ》し方の特徴《とくちょう》に注目しながら読み進めよう。

父親の行動からどのような気持ちが読みとれるでしょうか。一見すると子供といっしょに遊ぶことが目的なのではないかと思えるようなところもあります。

父親の幼少《ようしょう》のころの事情《じじょう》が明かされ、息子への接し方には理由があったことがわかります。

い幼少《ようしょう》年時代を過《す》ごした人である。そういう生《お》いたちが自分の息子《むすこ》を、大きく包《つつ》ませるのだろうか。

そと目には、今はやりの、核家族《かくかぞく》の、ものわかりのよい、やさしい父親ということになるのかもしれない。内側《うちがわ》にいる私《わたし》には、そうは思われない。

やさしいにはやさしいが、このやさしさは、遠くからじっと息子を見守っていた昔の父親のやさしさとは、どうも異質《いしつ》であるようだ。

息子に密着《みっちゃく》もしていない。息子からはなれてもいない。Gパンをはいて、キャッチボールをしている距離《きょり》。②相手の身体が見え、相手のボールの手のぬくもりが、わかる距離。息子と地続《じつづ》きの所に立っていて、頭の上から息子を見ない。こういう父親像は、すくなくとも、私たちの世代が持った父親ではない。

新しい父親の姿として、筆者が読者に示した大切な部分です。

私《わたし》たちが、学生時代のことだから、もう二十年も前のことになるが、そのころ、彼《かれ》は年中、ゲタをはいて歩いていた。Gパンにゲタばきで、ガタゴト、ズーズーと歩いていた。脚《あし》は長いくせに、足をひきずって歩くクセがあるので、カラコロと爽快《そうかい》な音は出ないのだった。学生時代以《い》来《らい》の書生気質《きしつ》は今に続《つづ》いている。淳の父親は、日本に帰っても、こんどはゲタのかわりに、ピチャパタと、ゴムぞうりなどひっかけて、授業《じゅぎょう》参観《さんかん》にも、職員室《しょくいんしつ》にも出かけてゆくだろう。

ともかく、さしあたって、わが家の父親と息子の、おたがいをたのしみあっているような、のんびりとしたつきあいを、私はおもしろくながめている。

筆者が夫《おっと》を、淳の父親としてどのように見ているかが説明されています。

↓今はやりの［　　　］父親ではなく、

昔の父親のように［　　　］

やさしさともちがう。

2 ――線②「相手の身体が見え、相手のボールの手のぬくもりが、わかる距離」について説明した次の文章の A ・ B にふさわしいものを記号で答えなさい。

A をしっかりととらえながら、息子の B ことができる距離で接するということ。

A　ア 息子の身体の成長
　　イ 父親に対する息子の思い
　　ウ 息子の置かれている状況《じょうきょう》　［　　　］

B　ア 気持ちを理解《りかい》する
　　イ うらみをはらす
　　ウ 気分を変える　［　　　］

先のことはわからないものだが、淳が生まれた時から、今までを見ていると、わが家の父親は、息子が大きくなるに従《したが》って、父親という立場から、じょじょに、友だちとしての比重《ひじゅう》を大きくしてきていることは、確《たし》かなようだ。

〈河野裕子《かわのゆうこ》『たったこれだけの家族』〉

*風来　居所《いどころ》も定まらず、ぶらぶらしていること。
*エスケープする　ぬけ出す。逃《に》げる。

---

3 〰〰線「子供時代の最後をすごしている淳には、父親が必要なのだ」とあるが、筆者は淳の父親をどのような父親だと考えているか、□にふさわしいことばを、問題文から五字以内でぬき出して答えなさい。

息子を□む父親

（出題例　東京・桐朋中）

入試問題にチャレンジ

次の文章を読んで、下の問いに答えなさい。

昭和八年（一九三三年）三月三日の早朝に、東北日本の太平洋岸に津浪《つなみ》が襲来《しゅうらい》して、沿岸《えんがん》の小都市村落をかたはしからなぎ倒《たお》し洗《あら》い流し、そうして多数の人命と多額《たがく》の財物《ざいぶつ》をうばい去った。明治《めいじ》二十九年（一八九六年）六月十五日の同地方に起こったいわゆる「三陸《さんりく》大津浪」とほぼ同様な自《し》然現象《ぜんげんしょう》が、約満《やくまん》三十七年後の今日再《ふたた》びくり返されたのである。

同じような現象は、歴史《れきし》に残《のこ》っているだけでも、過去《かこ》において何べんとなくくり返されている。歴史に記録《きろく》されていないものがおそらくそれ以《い》上《じょう》に多数にあったであろうと思われる。現在《げんざい》の地震《じしん》学上から判断《はんだん》される限《かぎ》り、同じ事は未来《みらい》においても何度となくくり返されるであろうということである。

こんなに度々《たびたび》くり返される自然現象ならば、*当該《とうがい》地方の住民《じゅうみん》は、とうの昔に何かしら相当な対策《たいさく》を考えてこれに備《そな》え、災害《さいがい》を未然《みぜん》に防《ふせ》ぐことが出来ていてもよさそうに思われる。これは、この際《さい》だれしもそう思うことであろうが、それが実際《じっさい》は①なかなかそうならないというのがこの人間界の人間的《てき》自然現象であるように見える。

学者の立場からは通例《つうれい》次のようにいわれるらしい。「この地方に数年あるいは数十年ごとに津浪の起こるのは*既定《きてい》の事実である。それだのにこ

問1 ――線①「なかなかそうならない」とあるが、「そう」とはどういうことか。それが書いてある一文をここよりも前からさがし、初《はじ》めの五字をぬき出して答えなさい。

答え➡別冊32ページ

れに備《そな》うる事もせず、また強い地震《じしん》の後には津浪《つなみ》の来るおそれがあるというくらいの見やすい道理もわきまえずに、うかうかしているというのはそもそも不用意千万《ふよういせんばん》なことである。」

しかしまた、＊罹災者《りさいしゃ》の側《がわ》にいわせれば、また次のような申《もう》し分がある。

「それほどわかっている事なら、なぜ津浪の前に間に合うように警告《けいこく》をあたえてくれないのか。正確《せいかく》な時日に予報《よほう》出来ないまでも、もうそろそろ危《あぶ》ないと思ったら、もう少し前にそういってくれてもいいではないか、今までだまっていて、災害《さいがい》のあった後に急にそんなことをいうのはひどい。」

すると、学者の方では「それはもう十年も二十年も前にとうに警告をあたえてあるのに、それに注意しないからいけない」という。するとまた、罹災民《りさいみん》は「二十年も前のことなどこのせち＊がらい世の中でとても覚《おぼ》えてはいられない」という。これはどちらの言い分にも道理がある。つまり、これが人間界の「現象」なのである。

災害直後時を移《うつ》さず政府《せいふ》各方面《かくほうめん》の＊官吏《かんり》、各新聞記者、各方面の学者がかけつけて＊詳細《しょうさい》な調査《ちょうさ》をする。そうして周到《しゅうとう》な津浪災害予防案《よぼうあん》が考究され、発表され、その実行が＊奨励《しょうれい》されるであろう。

さて、それからさらに三十七年経《た》ったとする。その時には、今度の津浪を調べた役人、学者、新聞記者はたいていもう＊故人《こじん》となっているか、さもなくとも世間からは隠退《いんたい》している。そうして、今回の津浪の時に働《はたら》き盛《ざか》り＊分別《ふんべつ》盛りであった当該《とうがい》地方の人々も同様である。そうして災害当時まだ物心のつくかつかぬであった人たちが、その今から三十七年後の

ヒント

問1 同じ文中にある「これは」「そう思う」「それが」の指示《しじ》する内容《ないよう》を順《じゅん》に考えてみよう。

地方の*中堅人士《ちゅうけんじんし》となっているのである。三十七年といえば大して長くも聞こえないが、日数にすれば一万三千五百五日である。その間に朝日夕日は一万三千五百五回ずつ平和な浜辺《はまべ》の平均水準線《へいきんすいじゅんせん》に近い波打ち際《ぎわ》を照《て》らすのである。津浪《つなみ》にこりて、はじめは高いところだけに住居《じゅうきょ》を移《うつ》していても、五年たち、十年たち、十五年二十年とたつ間には、やはりいつともなく低いところを求めて人口は移って行くであろう。そうして運命の一万数千日の終わりの日がしのびやかに近づくのである。②鉄砲《てっぽう》の音におどろいて立ったウミネコが、いつの間にかまた寄《よ》って来るのと本質的《ほんしつてき》の区別《くべつ》はないのである。

　これが、二年、三年、あるいは五年に一回はきっと十数メートルの高波がおそって来るのであったら、津浪はもう天変《てんぺん》でも地異《ちい》でもなくなるであろう。

　風雪というものを知らない国があったとする、年中気温が摂氏《せっし》二十五度を下がる事がなかったとする。それがおよそ百年に一ぺんくらいちょっとした吹雪《ふぶき》があったとすると、それはその国には非常《ひじょう》な天災《てんさい》であって、この災害《さいがい》はおそらく我邦《わがくに》の津浪におとらぬものとなるであろう。なぜかといえば、風のない国の家屋はたいてい少しの風にも吹き飛ばされるように出来ているであろうし、冬の用意のない国の人は、雪が降《ふ》ればこごえるに*相違《そうい》ないからである。それほど極端《きょくたん》な場合を考えなくてもよい。いわゆる台風なるものが三十年五十年、すなわち日本家屋の保存期《ほぞんき》限《げん》と同じ程度《ていど》の年数をへだてて襲来《しゅうらい》するのだったら③結果《けっか》は同様であろう。

〈寺田寅彦《てらだとらひこ》「津浪と人間」〉

問2 ――線②「鉄砲の音におどろいて立ったウミネコが、いつの間にかまた寄って来る」とあるが、ここではどのようなことをたとえていますか。ふさわしいものを記号で答えなさい。

ア　津波《つなみ》が起こった時に災害予防策《さいがいよぼうさく》が作られないと、いずれ災害を知る人も少なくなり、だれもが津波の恐《おそ》ろしさを考えなくなること。

イ　津波を体験《たいけん》したお年寄りたちも、災害予防についての知識を忘れてしまい、若者たちは予防策を立てることができないということ。

ウ　災害予防策が作られても、年月が経《た》つと災害について知る人も少なくなり、平和が続くと津波を警戒《けいかい》することもなくなっていくこと。

エ　津波が再びおそってくるのはだれもがわかっているが、災害予防には多くの労力《ろうりょく》とお金がかかるためにしだいに予防をしなくなること。

［　　］

* **当該**　それにあたること。直接関係《ちょくせつかんけい》すること。
* **既定**　すでに決まっていること。
* **罹災**　災害《さいがい》にあうこと。
* **せちがらい**　ゆとりがない。暮《く》らしにくい。
* **官吏**　公務員《こうむいん》。役人。
* **詳細**　くわしいこと。
* **奨励**　よいこととして、すすめること。
* **故人**　なくなった人。
* **分別**　道理をわきまえていること。よく考えること。
* **中堅人士**　中心となる人。
* **相違ない**　ちがいない。

問3　――線③「結果は同様であろう」とはどういう意味ですか。ふさわしいものを記号で答えなさい。

ア　よくあることとして感じるようになる。
イ　大きな被害《ひがい》がでる災害《さいがい》になる。
ウ　被害は小さく大きな災害にならない。
エ　新しく家を建《た》てかえた後なので被害は少ない。

［　　　］

（広島学院中）

ヒント

問2　――線部はたとえです。どんなことがらをたとえているのか前の部分から考え、あう選択肢《せんたくし》を探《さが》そう。

問3　「同様だろう」とは、――線部の前と同じだろうということ。この部分にどんなことが書いてあるか読みとろう。

1 「比喩《ひゆ》」を「現実《げんじつ》」に直してみよう

ステップ1

詩にはいくつかの表現技法《ひょうげんぎほう》がある。

① **比喩《ひゆ》**＝あるものを他《ほか》のものにたとえて印象《いんしょう》を強める。
(ア)**直喩《ちょくゆ》**＝「〜のような」「〜みたいに」などのことばがつく。
(イ)**隠喩《いんゆ》**＝たとえであることを示《しめ》すことばがつかない。
② **擬人法《ぎじんほう》**＝人間ではないものを人間に見立てる。
③ **倒置法《とうちほう》**＝ことばや文の順序《じゅんじょ》をふつうとは逆《ぎゃく》にする。
④ **体言止め《たいげんど》**＝文末を名詞で止める。
⑤ **反復法《はんぷくほう》**＝同じことばをくりかえす。
⑥ **対句法《ついくほう》**＝同じことばや逆のことば、似《に》ていることばをならべる。

↓ やってみよう1

ステップ2

表現技法《ひょうげんぎほう》の中でも「比喩《ひゆ》」がよく使われる。

詩は短いことばで自分の気持ちを表現するものです。細かくくわしくものごとを説明《せつめい》することはできません。そのため詩の作者は先にあ

やってみよう1

次の語句や文はどの表現技法《ひょうげんぎほう》を使っているか、ア〜エから選《えら》んで、記号で答えよう。

① 雲のじゅうたん　② 見ろ、あの山を。
③ 綿《わた》のような雪　④ 天が怒《いか》っている。

ア 直喩《ちょくゆ》　イ 隠喩《いんゆ》　ウ 擬人法《ぎじんほう》　エ 倒置法《とうちほう》

答え ①＝イ　②＝エ　③＝ア　④＝ウ

やってみよう2

次の詩を読んで、あとの問いに答えよう。

未明《みめい》の馬　　丸山《まるやま》　薫《かおる》

[1] 夢《ゆめ》の奥《おく》から蹄《ひづめ》の音が駈《か》けよってくる
それは私の家の前で止まる
もう馬が迎《むか》えにきたのだ

げたさまざまな表現技法を使って自分の気持ちを表現します。その中でも、気持ちやものごとをもっとも強調しやすい比喩を使うことが多いのです。

ポイント 19

「比喩《ひゆ》の世界のことば」を「現実《げんじつ》の世界のことば」に置きかえてみよう。

たとえば、新聞の社会面に「台風が駆《か》け足で北上」という記事を見つけたとします。これは、台風が「速いスピードで日本の南から北へ通りぬけた」ことを「駆け足」という比喩で表したものだとわかりますよね。このように「比喩」を「現実」にことばに直して意味を理解《りかい》しましょう。

↓ **やってみよう 2**

---

[2]
私は今日の出発に気付《きづ》く
すぐに寝床《ねどこ》を跳《は》ね起きよう
いそいで身仕度《みじたく》に掛《か》らねばならない

[3]
ああ　そのまも耳にきこえる
彼《かれ》がもどかしそうに門の扉《とびら》を蹴《け》るのが
焦《い》ら立って　幾度《いくど》も高く嘶《いなな》くのが

[4]
そして　眼《め》には見える
霜《しも》の凍《こお》る未明《みめい》の中で
彼が太陽のように金色の翼《つばさ》を生《は》やしているのが

① 現実《げんじつ》にはありえないことが書かれているのは、[1]～[4]のうちどれか、番号で答えなさい。

② この詩に描《えが》かれている時間帯はいつごろか。ふさわしいものを記号で答えなさい。

ア 早朝　イ 真昼　ウ 夕方　エ 深夜

③ [3]・[4]の内容《ないよう》はどんなことをたとえているか。ふさわしいものを記号で答えなさい。

ア 急がないと遅刻《ちこく》してしまうこと。
イ 輝《かがや》くような一日が始まろうとしていること。
ウ 馬を暴《あば》れさせては危《あぶ》ないということ。

答え　①＝[1]・[3]・[4]　②＝ア　③＝イ

2 「実際《じっさい》に見ているもの」と「思いうかべているもの」を区別《くべつ》しよう

ステップ1 詩は「現実《げんじつ》」と「想像《そうぞう》」によってできている。

詩は文章とちがい、整った形をとっていることが多いため、内容《ないよう》がわかりにくくなっていることがあります。しかし、ほとんどの詩は、「現実」のことが書かれている部分と「想像」が書かれている部分に分けることができます。

ステップ2 作者の気持ちを読みとるには「想像」の部分が手がかりになる。

詩の読解も物語文や随筆文《ずいひつぶん》と同じように、作者の気持ちを読みとることが全体の理解《りかい》につながります。そこでキミたちに、いつも心がけておいてほしいのが、「作者が実際《じっさい》に見たり聞いたりして体験《たいけん》したものごと（＝現実、事実）」と「作者が頭に思い浮《う》かべているものごと（＝想像）」を区別《くべつ》する、ということです。

↓ やってみよう 1

やってみよう 1

次の文章で、実際《じっさい》に見ているのではなく、「思いうかべているもの」に線を引こう。

部活の練習がおそくなった冬の夜は、駅から家までの帰り道もずいぶんさびしくなる。歩く人もまばらな道では、自分がはく息の音くらいしか聞こえない。そんなことを思うころ、見えてくるあの八百屋《やおや》さんの店の明かりが心を暖《あたた》かくしてくれる。真っ暗な世界にうかぶ小さなみかんがどんどん大きくなってくる。店を閉《し》める準備《じゅんび》をしている八百屋のおばさんの笑顔《えがお》が見えたら、私の家ももうすぐそこだ。

答え （4行目）真っ暗な世界にうかぶ小さなみかんがどんどん大きくなってくる。

やってみよう 2

次の詩を読んであとの問いに答えよう。

青空　城《じょう》 左門《さもん》

1 よく晴れた空だなあ
どこにも雲一つない

ポイント20 比喩《ひゆ》が使われていたり、時間や場所がちがっていたりする部分に注意しよう。

「現実《げんじつ》」と「想像《そうぞう》」を区別《くべつ》する際《さい》、詩によってどちらがわかりやすいか異《こと》なりますが、比喩が使われている部分や時間や場所が他《ほか》とはちがう部分は「想像」が書かれているところなので見つけやすいでしょう。

やってみよう 2

高く　高く
広く　広く
限《かぎ》りなく　ああ　大きな青空！

2
そうだ　こういう世界があったのだ
ひとつもくもりのない

3
明るい　高い
美しい　広々とした
限りなく　ああ　大きな世界が……

4
よく晴れた空だなあ
どこにも雲ひとつない
自分が小さくなる
そして大きくなる！
限りなく　ああ　大きな青空

① 作者が「思いうかべていること」が書かれているのは、1～4のうちどれか、番号で答えなさい。

② 4の——線部はどんな意味か考え、A・Bにふさわしいことばを詩の中からぬき出して答えなさい。

A にくらべて自分が小さくなる。
これまでの B にくらべて自分が大きくなる。

答え ①＝4 ②A＝青空 B＝自分

3 詩を書きたくなった作者の気持ちを想像《そうぞう》してみよう

ステップ1 作者が詩を書いたのは「何か」に心を動かされたから。

詩の読解《どっかい》問題には、作者の気持ちを記述《きじゅつ》しなければならないものも少なくありません。ですから**「詩に書かれていない作者の気持ち」**を何とかして読みとる気持ちを持ち続けることが大切です。

ステップ2 読者にその気持ちを伝《つた》えるために作者は工夫《くふう》をしている。

字数は少ないうえ、具体例《ぐたいれい》もなく、何を伝えようとしているのかがわかりにくい詩の読解は、まるで「暗号解読《かいどく》」のようです。しかし、解読の手がかりはちゃんと用意されています。それは「強調」です。**詩の中で強調されている部分は、作者が大切だと考えていることを示《しめ》しているのです。**

また、文章の「段落《だんらく》」と同じように、**詩にも意味のまとまりがあり、これを「連《れん》」といいます。**「連」は、おもに一行あけることで示《しめ》します。「できごと」と「作者の気持ち」が「連」で分けて書かれている場合、「作者の気持ち」を探《さが》す手がかりになります。

やってみよう 1

次の詩を読んで、あとの問いに答えよう。

泳いだ日　間中《まなか》ケイ子《こ》

部屋のまんなかに
ごろんところがって
あおむけになって
大の字に手足をひろげる

窓《まど》からはいってくる
すこしつめたい風に
きもちがのびのびしてくる

こんなところは
だれにもみせられない
こんなかっこうは
雑誌《ざっし》にでものったら
たいへんだ

なんて思っているうちに

ポイント21

比喩《ひゆ》や倒置法《とうちほう》などの表現技法《ひょうげんぎほう》や書き方の工夫《くふう》で「強調」している部分を見つけよう。

先にあげた「表現技法」をいつも意識《いしき》して詩を読みましょう。そして「現実《げんじつ》」と「想像《そうぞう》」を読み分け、作者が何を見てどのように感じているのかを考えましょう。作者が「工夫」するのは大切なことを強調しようとしているからです。

やってみよう 1

ねむけが
まぶたの上にあつまってきて
うとうと眠《ねむ》ってしまったらしい

目をさますと
部屋のまんなかに
くり色の毛布《もうふ》をかけられて
みの虫みたいな
わたしが
ころんところがっていた

① 題名と第一連の内容から作者がどんなが状態か、答えなさい。

② 第一連と同じ状態を表しているのは第何連か、答えなさい。

③ 第一連とはことなる作者の気持ちを書いてあるのは第何連か、答えなさい。

④ 作者がどんな気持ちになったことを詩に表そうとしたか、□にあてはまることばを答えなさい。

泳いだ後の A と、すこしつめたい風にふかれながら大の字にねころがる B 。

答え

① 泳いだ後でつかれている

② 第四連　③ 第二連

④ A つかれ　B 気持ちよさ（ここちよさ）

練習問題 1

次の文章を読んで、下の1～5に答えなさい。

［　　　　　　　］

村野《むらの》四郎《しろう》

花のように雲たちの衣裳《いしょう》が開く
水の反射《はんしゃ》が
あなたの裸体《らたい》に縞《しま》をつける
あなたは遂《つい》に跳《と》びだした
筋肉《きんにく》の翅《はね》で。
日に焦《こ》げた小さい蜂《はち》よ
あなたは花に向かって落ち
つき刺《さ》さるようにもぐりこんだ
軈《やが》て　あちらの花のかげから
あなたは出てくる
液体《えきたい》に濡《ぬ》れて
さも重たそうに

答え➡別冊24ページ

ガイド　［　］をうめながら、読み進めよう。

「～ように」は［　　　　］を表します。「実際《じっさい》にあるもの」と「たとえているもの」をはっきりと分けよう。

「縞をつける」ということが現実《げんじつ》のできごととは考えられないときには［　　　　］ではないかと考えよう。

「水の反射」「跳びだした」などから競技《きょうぎ》種目《しゅもく》の見当をつけよう。

5行目にだけ句点《くてん》があります。ということは4行目と5行目が［　　　　］の形になり、5→4という読み方で意味を考えることになります。

7行目と9行目にまた「花」が出てきました。「花」は［　　　　］をたとえています。

1 この詩では、「あなた」は何にたとえられているか、本文からぬき出して答えなさい。　［　　　　　　］

2 2～3行目の内容《ないよう》を説明《せつめい》した次の文の ① ② にふさわしい組み合わせを記号で答えなさい。

水に反射《はんしゃ》した［①］があなたの体に縞模様《しまもよう》の［②］をつける。

ア ①熱 ②氷　イ ①光 ②影
ウ ①点 ②線

［　　］

3 5行目「筋肉の翅で。」はどこにつながっていくことばですか。「。」があることをふまえて、次のどちらか記号で答えなさい。

ア 4行目に倒置法でつながって「筋肉の翅であなたは遂に跳びだした」となる。
イ 6行目にそのままつながって「筋肉の翅で日に焦げた小さい蜂よ」となる。

［　　］

4 8行目「つき刺さるように」からどのように「もぐりこんだ」と考えられるか、記号で二つ答えなさい。

ア 低いところから「もぐりこんだ」
イ ゆっくりと「もぐりこんだ」
ウ 早い速度で「もぐりこんだ」
エ 高いところから「もぐりこんだ」

［　　・　　］

5 この詩はあるスポーツ競技《きょうぎ》を詩に表したものです。この詩の題名にもなっているその競技名を答えなさい。

［　　］

（出題例　東京・多摩大附聖ヶ丘中）

入試問題にチャレンジ

次の二つの詩を読んで、下の問いに答えなさい。

（1）　虫けら　　大関松三郎《おおぜきまつさぶろう》

畑をたがやしていると
いろいろな虫けらが出てくる
土の中にも
こんなに　いろいろなものが生きているのだ
①こんな　小さなものでも
すをつくったり　こどもをうんだり
くいあいをしたり
何をたのしみに　生きているんかしらないが
ようも　まあ　たくさん　生きているもんだ

（2）　虫けら　　大関松三郎

一くわ
どっしんとおろして　ひっくりかえした土の中から
もぞもぞと　いろんな虫けらがでてくる
土の中にかくれていて
*あんきにくらしていた虫けらが

答え➡別冊32ページ

問1　（1）の――線①「こんな小さなものでも」と書いた作者の気持ちとしてふさわしいものを記号で答えなさい。

ア　ああ　似《に》ているなあ　自分たち人間と
イ　ああ　すばらしいなあ　自然《しぜん》の世界は
ウ　ああ　えらいなあ　弱いくせに
エ　ああ　おもしろいなあ　生命の営《いとな》みは　［　　］

問2　（1）の詩で作者のもっとも強い感動を表しているのは何行目ですか。　［　　］行目

問3　（2）の――線②「おれは　人間といわれ／おれは　百姓といわれ」にはどのような効果がありますか。ふさわしいものを記号で答えなさい。

ア　呼《よ》び名に表れた、生まれながらの不平等《ふびょうどう》を共有《きょうゆう》し、虫への同情《どうじょう》を強めている。
イ　人間は虫よりも上位《じょうい》にあるのが当然《とうぜん》だという考えを強調している。
ウ　虫けらに対する人間のあり方を考え直さなければならないと強調している。
エ　同じ生命として親しみを感じながら、自分の役割《やくわり》からのがれられないことを実感している。　［　　］

おれの一くわで　たちまち大さわぎだ
おまえは　くそ虫といわれ
おまえは　みみずといわれ
おまえは　へっこき虫といわれ
おまえは　げじげじといわれ
おまえは　ありごといわれ
おまえらは　虫けらといわれ
②おれは　人間といわれ
おれは　百姓《ひゃくしょう》といわれ
おれは　くわをもって　土をたがやさねばならん
おれは　おまえたちのうちをこわさねばならん
おれは　おまえたちの　大将《たいしょう》でもないし　敵《てき》でもないが
おれは　おまえたちを　けちらかしたり　ころしたりする
おれは　こまった
おれは　くわをたてて考える

だが虫けらよ
やっぱりおれは土をたがやさんばならんでや
おまえらを　けちらかしていかんばならんでや
③なあ
虫けらや　虫けらや

＊あんきに　のんきに。安心して。

問4　(2)の――線③「なあ」にこめられた気持ちとしてふさわしいものを記号で答えなさい。

ア　おろかなことだ　わらってくれ
イ　皮肉なことだ　あきらめてくれ
ウ　いやらしいことだ　いかってくれ
エ　悲しいことだ　ゆるしてくれ

［　　　］

問5　(2)の詩には、(1)の詩には表れていない作者の気持ちが15～20行目にあります。これを引き出すきっかけになる「できごと」は何行目に書いてありますか。連続する二行を答えなさい。

［　　］～［　　］行目

（東京・青山学院中等部）

ヒント

問1　問2　「こんな小さなものでも」を受けている行はどこで、作者はどんな感想を持ったか、見つけよう。

問3　――線部以降《いこう》の六行に注意して作者の心情《しんじょう》を読みとろう。

問4　自分が生きていくためには、虫たちをけちらかさなければならないと思ったあと、「なあ」と呼《よ》びかけている。

問5　(1)の詩に表れていない気持ちとは、「虫たちにすまない」という気持ち。どんなできごとを見てこう思ったのだろうか。

1 設問文《せつもんぶん》にも線を引いて、何を答えるのか確認《かくにん》してから考えよう

ステップ1 設問文《せつもんぶん》もしっかり読もう。

せっかく問題文の文章が正しく読みとれても、**設問に正しく答えられなければ、何の意味もありません。**さらに、一生懸命《いっしょうけんめい》考えて出した答えも、設問を読みまちがえていたとしたら……。設問文を途中《とちゅう》までしか読まずに早合点《はやがてん》して考え始めてしまう人、けっこう多いんですよ。

ステップ2 探《さが》し物をするときには自分が何を探すのか確認《かくにん》してから探すはず！

あたりまえのことですが、実はなかなかそこまで確認していないのではないでしょうか。制限《せいげん》時間中に解《と》き終わらなければならないキミたちは、一秒でも早く答えを見つけたいですよね。でもそんなときこそ、じっくりと「何を答えるのか」を確認してほしいのです。

↓ やってみよう 1

やってみよう 1

次の設問文《せつもんぶん》で、問題を解《と》く上でもっとも大切な部分に線を引こう。

① ――線「肩《かた》を落とした」とありますが、このときの気持ちとしてふさわしくないものを一つ選び、記号で答えなさい。

② ――線「肩を落とした」とありますが、これとは反対の気持ちが表れた部分をぬき出して答えなさい。

③ ――線「肩を落とした」とありますが、なぜですか。それまでの気持ちの変化《へんか》をふまえて答えなさい。

答え ①＝ふさわしくないもの ②＝反対の気持ち ③＝それまでの気持ちの変化

やってみよう 2

――線「でも本当にそうだろうか」とありますが、どのような考えに対して、筆者は疑問《ぎもん》を持っているのか。「～という考え」に続《つづ》くように問題文から十四字でぬき出そう。

同じゴールに向かって競《きそ》い合うのが、競争《きょうそう》というもの。いつのまにか、われわれ現代人《げんだいじん》は競争原理こそ社会の基本《きほん》原理だ、と思いこんでしまったようだ。競争がないと、人はナマケるように

ポイント22

設問文《せつもんぶん》は最後《さいご》までしっかり読んで、何を答えるのかが書かれているところにタテ線を引こう。

記号選択《せんたく》問題で、たまに「あてはまらないもの」を選《えら》ぶというイジワルな問題があります。キミたちもワナにはまってくやしい思いをしたことがあるのではないでしょうか。それ以外《いがい》にも「具体例《ぐたいれい》」を探《さが》すのか、「理由」を答えるのか、など、設問によって問われていることはそれぞれちがいます。ていねいに確認《かくにん》することを忘《わす》れないでおきましょう。

やってみよう 2

なる。ブラブラしてしまう。するとその社会は発展《はってん》をやめ停滞《ていたい》してしまう、そして堕落《だらく》してしまうというわけだ。

　でも本当にそうだろうか。

　社会とはそもそも同質《どうしつ》の人々が同じ目的《もくてき》に向かって競争的《きょうそうてき》に生きる場所ではないはずだ。第一、どうしてひとりひとりのゴールがちがっていてはいけないのだろう。ぼくは競争をいちがいに否定《ひてい》するつもりはない。一時的には競争が人に刺激《しげき》や力をあたえることもある。しかし、それが日常的《にちじょうてき》になってしまった社会に生きるのは楽ではない。

　社会には競争に向いている場所もあるだろう。しかし、地域《ちいき》社会とか、コミュニティーとか、家庭とか、友人関係《かんけい》とか、競争になじまない場所もあるのだ。競争原理が社会のすみずみまで浸透《しんとう》した社会は生きづらい。そんな社会が長続きするとは思えない。

〈辻信一《つじしんいち》『頑張《がんば》っている人』〉

答え　（2行目）競争原理こそ社会の基本原理だ**（という考え）**

♫ わかりにくい設問文《せつもんぶん》だったかもしれませんが、結局《けっきょく》は「そうだろうか」の「そう」とは何かが問われていたのです。「どのような考えに対して」の部分に線を引いて、何を答えればいいのか、はっきりさせてからぬき出す部分を探《さが》しましょう。

2 記号選択《せんたく》問題は、カンに頼《たよ》らず、文中から手がかりを見つけ出そう

ステップ1
選択肢《せんたくし》だけを読んで答えを選《えら》んでいませんか？

記号選択問題をまちがえる原因《げんいん》の一つとして、選択肢だけを読み比《くら》べて一番よさそうなものを選んで失敗《しっぱい》するということがあります。このやり方では最後の二つまではしぼりこめたが、結局《けっきょく》まちがった選択肢を選んでしまうことになりがちです。細かいところまで調べないために文章を読んだときの記憶《きおく》に頼《たよ》るしかなくなってしまいます。

↓ やってみよう 1

ステップ2
文章の中に書かれていることと選択肢《せんたくし》の内容《ないよう》が一致《いっち》してはじめて選《えら》べるはず！

読み比《くら》べるのは選択肢どうしではなく、文章と一つ一つの選択肢でなければなりません。しかし、文章の中に手がかりらしいところを見つけても、選択肢がそれとまったく同じように書かれていないときは、まちがっているようにも思えてしまうかもしれません。どうしたらよいのでしょう。

やってみよう 1

次の文章で筆者が何に感動しているか考え、ふさわしいものを記号で答えよう。

歩き始めてからもう四時間くらいたっただろうか。歩いてきた道をふりかえると自分が本当に高いところまで登ってきたことがよくわかる。バス停《てい》の近くを流れる川の形がはっきりわかる。まだ山を登るのは無理《むり》だった小さいころ、この山をはるか遠くに見上げていた橋が今はあんなに小さく見える。まわりの山々はすずしい空気の中でくっきりと姿《すがた》をみせている。三六〇度見わたしても山ばかり。自分が景色《けしき》の中にとけこんで自然《しぜん》の一部になったような気がした。

ア 登山にかかる時間の長さ　イ 自分の足で登りついた高さ
ウ 目に入る景色の美しさ　エ 山の多さ

答え ウ

♫ 筆者の気持ちが表れているのが、最後《さいご》の「自分が景色の中に〜気がした。」です。これが何を意味しているのか考えながら、選択肢《せんたくし》を調べよう。

ポイント23 文中の手がかりにタテ線を引き、その横には設問《せつもん》番号と選《えら》んだ選択肢《せんたくし》の記号を書きこもう。

そんなときは、「文中の手がかりは何を意味しているか」と考えることで選択肢の内容《ないよう》と一致《いっち》しているかどうかを調べましょう。迷《まよ》ったときこそ何度でも文章に立ち返り、手がかりをとことん探《さが》すのです。そしてはっきりと目に見える形で残《のこ》しておくことがとても大切です。

↓ やってみよう 2

やってみよう 2

次の文章の内容《ないよう》と明らかに異《こと》なるものを、記号で答えよう。

温暖《おんだん》な気候《きこう》にめぐまれた地域《ちいき》に住む人は、豊富《ほうふ》にとれる作物のおかげで毎日の食べ物に苦労《くろう》することが少なく、おだやかな性格《せいかく》になりやすいといわれる。だとすると、厳《きび》しい気候《きこう》風土にたえて暮《く》らす人々はすきがなく、どちらかというと悲観的《ひかんてき》な考え方をしがちな性格《せいかく》になるのだろうか。

ア 厳しい気候風土の地域では作物があまりとれず、食べ物を確保《かくほ》するのに苦労《くろう》する。

イ 食べ物に困《こま》らないと人は幸福感を持ち、あらゆることを楽《らっ》観的《かんてき》に思えるようになる。

ウ 温暖な気候風土の地域で自然災害《しぜんさいがい》が起きて食べ物が不足《ふそく》するとおだやかな人も、すきのない性格に変《か》わる。

答え ウ

♫ アとイは文章の内容《ないよう》から明らかにわかることですが、ウは必《かなら》ずそうなるとは言い切れないことをさも当然《とうぜん》のこととして断定《だんてい》しています。

3 選択肢《せんたくし》を「前半」「後半」に分けてしぼりこもう

ステップ1 すべての選択肢《せんたくし》を上からばくぜんと読み進めていませんか？

記号選択問題をまちがえる原因《げんいん》には、長い選択肢を読んでいるうちに正解《せいかい》とは合わない部分を見落としてしまう、ということもあります。正解以外の選択肢には、巧妙《こうみょう》なワナがしかけられていて、キミたちが引っかかるのを今か今かと楽しみにしているのです。

ステップ2 選択肢《せんたくし》の文でもっとも大切な結末《けつまつ》の部分ならまちがいを見つけやすいはず！

文の中でもっとも大切なのは、「述語《じゅつご》」つまり「何が／何だ・どうした」の「何だ・どうした」の部分＝「結論《けつろん》」です。そこで、選択肢の文を大まかに前半と後半に分けてみましょう。途中《とちゅう》に読点があればそこで分け、なければ、結論部分を後半にしてもかまいません。そして、分けた後半部分だけを問題文と照《て》らし合わせて、比較《ひかく》するのです。

やってみよう 1

――線①・②「打ち違えた」の説明としてふさわしいものを記号で答えよう。

〔お留伊《るい》は加賀《かが》の殿様《とのさま》の前でお宇多《うた》との鼓《つづみ》打ちくらべに臨《のぞ》んでいる。何としても勝ちたい一心で練習にはげんだお留伊だったが、ある老人《ろうじん》から考えを改《あらた》めるよう勧《すす》められていた。実はこの老人もかつては鼓の名人だったが、ライバルを不幸《ふこう》に追いやったことに苦しみ、自分自身を責《せ》め続《つづ》けていた。〕

――音楽はもっと美しいものでございます、人と優劣《ゆうれつ》を争《あらそ》うことなどおやめなさいまし、音楽は人の世でもっとも美しいものでございます。老人の声が再《ふたた》び耳によみがえってきた。……お留伊の右手がはたと止まった。

お宇多の鼓だけが鳴り続けた。お留伊はその音色《ねいろ》と、意外なできごとにおどろいている客たちの動揺《どうよう》を聞きながら、鼓をおろしてじっと眼《め》をつむった。老人の顔が笑《わら》いかけてくれるように思え、今まで感じたことのない、新しいよろこびが胸《むね》へあふれてきた。そして自分の体が眼に見えぬいましめを解《と》かれて、やわらかい青草の茂《しげ》っている広い広い野原へでも解放《かいほう》されたような、軽い生き生きとした気持ちでいっぱいになった。

――早く帰って、あの方に鼓を打ってあげよう、この気持ちを

ポイント24

選択肢《せんたくし》の文を内容《ないよう》から二つの部分に分け、段階的《だんかいてき》にしぼりこもう。

選択肢がいくつあったとしても次の四種類《しゅるい》しかないはずです。

① 前半が○ 後半が×
② 前半が× 後半が○
③ 前半が× 後半が×
④ 前半が○ 後半が○

もちろん、正解《せいかい》は④ですね。このことがわかれば、見つけやすい後半が×の①と③については、もう前半を調べる必要《ひつよう》はありません。このようにして、まず後半だけで「予選《よせん》」を行い、残《のこ》ったものだけで前半を調べる「決勝」に進めばよいのです。

やってみよう 1

話したら、きっとあの方はよろこんで下さるにちがいないわ。お留伊《るい》はそのことだけしか考えなかった。

「どうしたのです」

舞台《ぶたい》から下りてひかえの座《ざ》へもどると、師匠《ししょう》はすっかり取り乱《みだ》したようすでなじった。「……あんなにうまくいったのに、なぜやめたのです」

「①打ち違《ちが》えたのです」

「そんな馬鹿《ばか》なことはない、いやそんな馬鹿なことは断《だん》じてありません、あなたはかつてないほどお上手《じょうず》に打った。わたくしは知っています、あなたは②打ち違えたりはしなかった」

「わたくし打ち違えましたの」

お留伊は微笑《びしょう》しながらいった。

〈山本周五郎《やまもとしゅうごろう》「鼓くらべ」〉

ア ①は鼓を打ちまちがえたことで、②は鼓に対する考え方がまちがっていたこと。
イ ①は鼓に対する考え方がまちがっていたことで、②も考え方がまちがっていたこと。
ウ ①は鼓を打ちまちがえたことで、②も打ちまちがえたこと。
エ ①は鼓に対する考え方がまちがっていたことで、②は鼓を打ちまちがえたこと。

答え エ

「お留伊《るい》」の考えと「師匠《ししょう》」の考えに分けて、合う選択肢《せんたくし》を選《えら》ぼう。

4 ぬき出し問題では、読みながら引いておいた線を活用しよう

ステップ1
最初《さいしょ》からまた読み返したりしていませんか？

ぬき出し問題は、答えを探《さが》すのに手間がかかります。そのために、文章を読み返したあげく、時間をとられて、他《ほか》の問題が解《と》ききれなかったり、あるいは、初《はじ》めから失点覚悟《かくご》であきらめたりすることも多いようです。なんともったいないことでしょう。あらかじめ答えがありそうな場所の見当をつけ、やみくもに最初から読み返すなどのむだをさけなければなりません。

ステップ2
引いてある線は「大切だと思うところ」。だから答えはきっとそこにあるはず！

これまでの学習を通して、キミたちは線や印《しるし》のつけ方を学んできました。いよいよそれを活用するときがきたのです。適切《てきせつ》なところに線が引いてあれば、ぬき出し問題の答えは、文章を読みながら引いてきた線の中にきっとあるはずです。

↓ やってみよう 1

やってみよう 1

次の文章にある「私《わたし》」の行動やことばに線を引こう。

十数年ぶりに再会《さいかい》したというのに母と祖母《そぼ》はたがいの顔をまともに見ようともしない。私は部屋のすみで小さくなっているしかなかった。重苦しい空気にがまんできなくなったように、母が突《とつ》然《ぜん》東京に帰ろうと言い出した。せっかく生まれて初《はじ》めて祖母の住むこの村に来たというのに。

答え　私は部屋のすみで小さくなっているしかなかった。

やってみよう 2

――線「歴史《れきし》を動かしてきた『世界商品』」とありますが、「世界商品」が歴史を動かしてきたのはなぜですか。「〜から」が続《つづ》く形で問題文からぬき出そう。

むろん、「世界商品」は、食べ物や衣料《いりょう》には限《かぎ》られていません。こんにちでいえば、石油やテレビや自動車も典型的《てんけいてき》な「世界商品」なのです。いいかえると、それはアフリカの奥地《おくち》でも、ヒマラヤでも使われているような商品のことです。

むろん、「世界商品」となった重要《じゅうよう》な商品を独《ひと》り占《じ》めにできれば、大きな利益《りえき》があげられることはまちがいありません。ですから、一六世紀《せいき》いらいの世界の歴史《れきし》は、そのときどきの「世界商品」

ポイント25

文章を読みながら線を引くときはあとで答えを探《さが》しやすくなるように、線どうしをつなぐ線も引いておこう。

線を引いたとしても、後で見直すとき何のための線かわからなければ、あまり意味がありません。そうならないように、ことばどうしのつながりがわかるように、引いた線と線を結《むす》ぶために文章の上を横切る別《べつ》の線も思い切って引いてみましょう。そうすれば、筆者がどこでどんなことばを使い、それが別のところでどうなっているかがよくわかるはずです。

やってみよう 2

をどの国がにぎるか、という競争《きょうそう》の歴史として展開《てんかい》してきたのです。

しかも、いまでは自動車やテレビのような工業製品《せいひん》や石油なども重要ですが、もともとこうした「世界商品」は、アジアやアフリカ、アメリカの鉱山《こうざん》や農場でとれる生産物が多かったということができます。こんにちの中南米や日本でとれた銀や、タバコや香料《こうりょう》、染料《せんりょう》、茶、コーヒー、ゴムなどです。生活文化の基本《きほん》をなす植物や動物、その工芸製品《こうげいせいひん》などは、気候《きこう》や土壌《どじょう》の条件《じょうけん》からしても、アジアやアフリカ、アメリカのほうが、種類《しゅるい》も量《りょう》もはるかに豊《ゆた》かだったということができます。そのために、とくにヨーロッパ諸国《しょこく》は、これらアジアやアフリカの土地を、自国の植民地《しょくみんち》として囲《かこ》いこみ、外国の勢力《せいりょく》を排除《はいじょ》することになったのです。

そういうわけで、歴史《れきし》を動かしてきた「世界商品」のもっとも初期《しょき》の例《れい》が、ほかでもない砂糖《さとう》でした。ですから、一六世紀から一九世紀にかけて、世界じゅうの政治家《せいじか》や実業家は、砂糖の生産《せいさん》をいかににぎるか、その流通ルートをどのようにしておさえるか、といった問題に知恵《ちえ》をしぼってきたのです。

〈川北稔《かわきたみのる》『砂糖の世界史《せかいし》』〉

答え (5行目)「世界商品」となった重要な商品を独り占めにできれば、大きな利益があげられる**(から)**

「世界商品」を説明《せつめい》した部分に線を引きながら――線まで読み進めていきましょう。それぞれの線を文章の上を横切る線でつないでいけば、全体を要約することにもなります。

5 「――線のことば」よりも「前後のことば」を手がかりにしよう

ステップ1 「――線のことば」だけを見て、答えを探《さが》していませんか？

ぬき出し問題の答えが、――線のことばとまったく同じか、似《に》ていることばだとしたら、だれもが簡単《かんたん》に答えられます。しかし、限《かぎ》られた時間内で必死《ひっし》に答えを探《さが》すキミたちには、そんなあたりまえのことを考える余裕《よゆう》もないでしょう。そうして一生懸命《いっしょうけんめい》、――線のことばに似たことばや指定された字数に合いそうなことばを探してしまうのです。

ステップ2 「――線のことば」も一つの文、段落《だんらく》の一部分だったはず！

少しだけ考え方を変《か》えてみましょう。――線のことばだけに気を取られるのではなく、**それが入っている一つの文全体やその文がふくまれている段落全体にまで目を広げるのです**。そして、ことばで探《さが》すのではなく、文や段落が表していることがらで探すのです。そうするこ

やってみよう 1

①は、――線と同じ内容《ないよう》を述《の》べている部分、②は――線の具体的《ぐたいてき》な内容を述べている部分をぬき出そう。

① 理と情《じょう》を調和させるためには、まず理を重んじることが大切だということです。どんなことでも根本的《こんぽんてき》に重要《じゅうよう》なのは理にかなっているということです。

② 人間は地上に生きるすべての生物のために環境《かんきょう》問題に取り組んでいるという思い上がりをしているのではないだろうか。人間が環境を守ろうとするのは、ほんとうは地球のためでなく、自分たち人間のためなのではないか。

答え ①＝根本的に重要なのは理にかなっているということ
②＝人間は地上に生きるすべての生物のために環境問題に取り組んでいる

やってみよう 2

――線「何か本質的なもの」と同じ意味で使われていることばを問題文から八字でぬき出そう。

専門家《せんもんか》のための書き物は「知っていること」を積《つ》み上げてゆきます。そこには、「周知《しゅうち》のように」とか「言うまでもないことだが」とか「なるほど……ではあるが」というようなことばかり書

とによって、探しているものが別の形になって見えてくるはずです。

やってみよう 1

ポイント 26

「——線のことば」の前後につながる部分を手がかりにして探《さが》そう。

このようにして、——線のことばから直接《ちょくせつ》答えを探《さが》そうとせず、その前後の内容《ないよう》に関《かか》わることばを探せば、より早く、そして確実《かくじつ》に答えになる部分に近づくことができるのです。

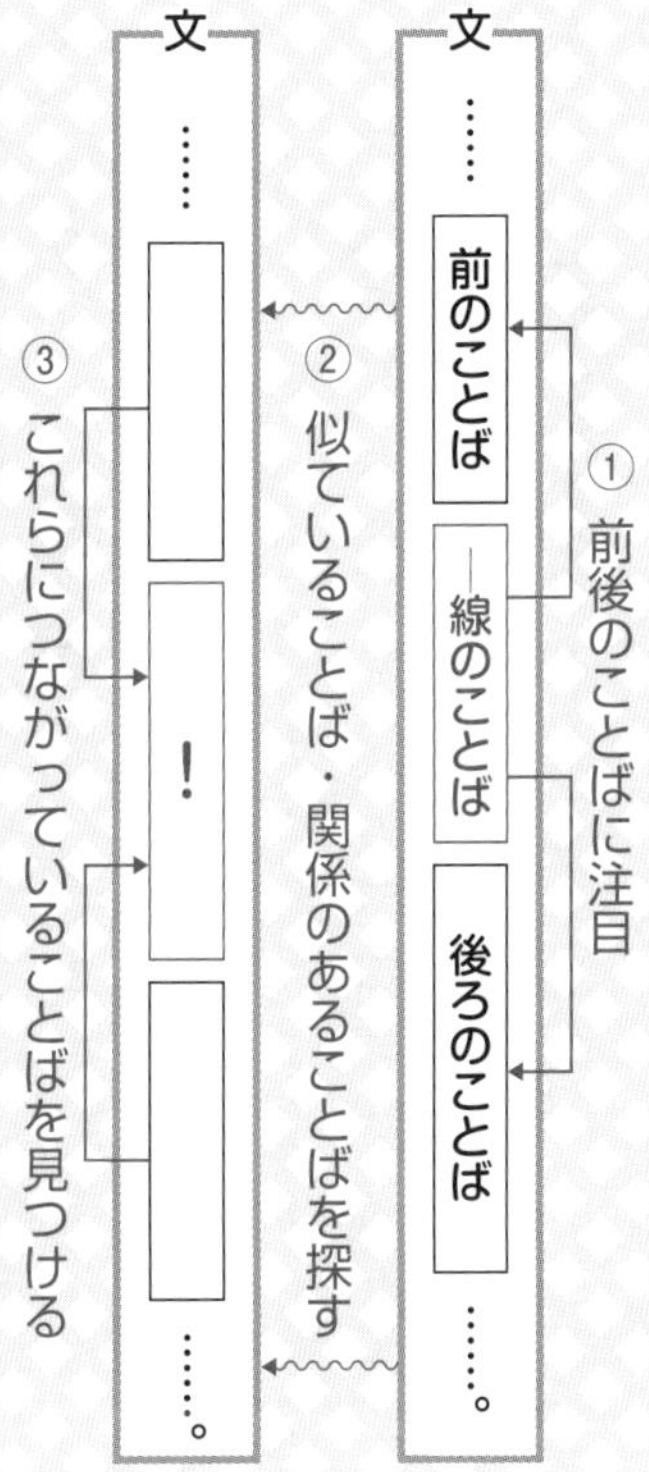

やってみよう 2

いてあり、読むほうとしては、「何が『なるほど』だ」と、しだいに怒《いか》りがこみ上げてきます。しかし、この怒りはゆえなきものではありません。私《わたし》たちがいら立つのは、そこで「何か本質的なもの」が問われぬままにそらされていると感じるからです。

それはTV中継《ちゅうけい》で官僚《かんりょう》の国会答弁《とうべん》を聞いているときのいら立ちにも似《に》ています。官僚の答弁はたしかに専門的語彙《ごい》と専門的知見に満《み》ちあふれていますが、「そもそも政府《せいふ》とはだれのためにあるものなのか」とか「市場《しじょう》とは何のことなのか」とか「国際世論《こくさいせろん》とはだれの意見のことなのか」といった、そこで現《げん》に語られている論題《ろんだい》の根本になっているはずのことは決して問われることがありません。そういうおおもとのところに立ち帰って、現下《げんか》の問題を根本的に検証《けんしょう》しないとまずいんじゃないかと思うからこそ、私たちは官僚のつじつまは合っているけれど、だれに向かって語っているのか分からないような答弁を聞くといらいらしてくるのです。

それに対して、「よい入門書」は、「私たちが知らないこと」から出発します。よい入門書は「私たちが知らないこと」から出発して、「専門家が言いそうもないこと」を拾い集めながら進むという不思議《ふしぎ》な行程《こうてい》をたどります。

〈内田樹《うちだたつる》『寝《ね》ながら学べる構造主義《こうぞうしゅぎ》』〉

答え （14行目）おおもとのところ

♫ 問われている部分を直接《ちょくせつ》さがすのではなく、前後の内容《ないよう》が一致《いっち》している場所をまずさがしあて、そのうえで答えをさがすほうがかえって手間《てま》が省《はぶ》けることがよくあります。

次の文章を読んで、下の1～3に答えなさい。

1 話し合いにおいては、相手の意見と自分の意見が最終的《さいしゅうてき》に一致《いっち》しないこともよくあります。その場合、「あなたはおかしい」か「私がおかしい」かのいずれかだ、といった対立関係《かんけい》になることもありますが、それ以前《いぜん》に必要《ひつよう》なことは、

あなたの主張《しゅちょう》がわかる。

ということです。時々、相手の主張を誤解《ごかい》したままで批判《ひはん》する人がいますが、その点を防《ふせ》ぐためには、〈まずは〉「なるほどあなたはそう考えるのか」といった段階《だんかい》が必要《ひつよう》でしょう。〈また〉、「確《たし》かに～」というように、いったんは自分の立脚点《りっきゃくてん》を離《はな》れてみることもいいことです。「あなたの言うことは、それはそれとしてよくわかる」というようにいったんは話を受け止めるわけです。そして、その上で、「あなたはこう考えるが、私《わたし》はこう考える」というように意見のちがいについて考えていくといいでしょう。その過程《かてい》で、意見がちがう理由についても考えるといいでしょう。

2 ちがう意見の人と議論《ぎろん》をするとき、①やみくもに自分の意見を主張《しゅちょう》するだけではなく、時には②自分の主張を相対化してみてみる。相手の意見を聞いて、その中におたがいが納得《なっとく》できる部分がどこかを探《さぐ》って

答え➡別冊26ページ

ガイド【　　　】をうめながら、読み進めよう。

1行で改行《かいぎょう》するということは、重要《じゅうよう》な一文だということです。

「まずは」「また」という順番《じゅんばん》ことばがあるので印《しるし》をつけ、それにつづく部分にタテ線を引いておこう。

1 ――線①「やみくもに自分の意見を主張する」とはどういうことか、記号で答えなさい。

ア 自分の考えが正しいと思いこんで自分の意見を言うこと。

イ 相手の考えとちがうと知っているのに自分の意見を言うこと。

ウ 話し合いの結論《けつろん》がわかっているのに自分の意見を言うこと。

【　　】

「自分の主張を相対化してみてみる」と似《に》た文頭と文末表現をしている文が、ここよりも後ろで、話題が変わる4段落までの間に出てきます。同じ内容《ないよう》をくり返していると考えられますが、「主張」や「相対化」がやさしく言いかえられていて、よりわかりやすくなっています。

みる、または、そのもとになっている考え方の中に共通点《きょうつうてん》はないかどうかを考えてみる。こうした態度《たいど》は話を進めるためにとても重要《じゅうよう》なことです。

それまでの内容まとめる「そうした」のあとは大切な部分なので線を引いておきます。

3 そうした、いわばポイント切り替《か》えの言葉として、「確かに」「なるほど」のように、もともとの自分の考えとはちがう視点《してん》をとってみることを表す表現《ひょうげん》が使えるのです。

4 〈もう一つ〉、自分を相対化するということは、人間関係にも関連《かんれん》します。自分自身を客観的《きゃっかんてき》に見る、ということは、「他人」と「私」のとらえ方にも関《かか》わるからです。

5 例《たと》えば、クラブ活動をしているときなど、自分が部長であったり、自分が技術的《ぎじゅつてき》に上手《じょうず》であるとします。すると、ほかの人がちょっと不熱心《ふねっしん》であったり、なかなか練習したりしないと、「あいつはだめだ」というように思いがちです。

6 もちろん、「熱心である」ことはいいことです。だからこそ、「私は正しい」と思ってしまいます。まさにその通りで「私は正しい」のですが、ただ、そのために、ほかの人たちとの間に溝《みぞ》ができてしまうと結果《けっか》としてクラブがまとまらないことになります。自分が正しいために、相手も私の意見を聞くはずだ、と思ってしまうわけですが、そこに落とし穴《あな》があるのです。価値観《かちかん》や事情《じじょう》は人それぞれによってちがうこともあるからです。

〈森山卓郎《もりやまたくろう》『コミュニケーションの日本語』〉

「もう一つ」という順番《じゅんばん》ことばに対応《たいおう》する「一つめ」はどの部分をさしているか確認《かくにん》しておこう。

「例えば」で始まる5段落と6段落は具体例をあげて説明しています。

35～36行目「そこに落とし穴があるのです。」が筆者の「ア 結論　イ 結論の理由」で、「価値観や事情は人それぞれによってちがうこともあるからです」が「ア 結論　イ 結論の理由」です。

2 ――線② 「自分の主張を相対化してみる」とありますが、同じ意味を表す二十三字のことばをぬき出して答えなさい。

3 本文の後半（4段落以降《いこう》）に「確かに」「なるほど」と同じ働《はたら》きをするべつのことばがあります。五字以内でぬき出して答えなさい。

（出題例　岡山白陵中）

ガイド付き

練習問題 2

次の文章を読んで、下の1～4に答えなさい。

いまではほとんど使われませんが、かつて「愛《あい》のムチ」ということばがありました。これはやさしいきびしさの典型例《てんけいれい》です。職人《しょくにん》の世界やスポーツの世界などには、あたりまえのように存在《そんざい》したやさしさのあり方だと思います。

ただし、「愛」の名を借《か》りた、＊不条理《ふじょうり》な処罰《しょばつ》やうさばらしがおこなわれていたことは、容易《ようい》に想像《そうぞう》できます。ですから、「愛のムチ」を賛美《さんび》するつもりはありません。

けれども、やさしいきびしさを実践《じっせん》しない親や指導者《しどうしゃ》は、〝甘《あま》やかし〟と言われて、周囲《しゅうい》から非難《ひなん》されたのも事実です。だから、やさしいきびしさは、ひとを一人前にするのに不可欠《ふかけつ》な接《せっ》し方だったと考えられます。

〈一方〉〝きびしいやさしさ〟は、あたらしい、現代的《げんだいてき》なやさしさです。それは、いま［A］ように全力をつくすことを要求《ようきゅう》します。さきほどのやさしいきびしさが、いまは傷《きず》つけるかもしれないが将来《しょうらい》を思えば仕方ないと考えるのとは、**対照的《たいしょうてき》**です。

傷つけないようにする点では、やさしいと言えます。しかし、〝絶対《ぜったい》にやさしくしないと許《ゆる》さないぞ！　もし傷つけたら、それなりの仕返し

「一方」という対比を表すことばの前後にヨコ線を引いて、何が対比されているか目立たせよう。

ガイド　［　　］をうめながら、読み進めよう。

答え➡別冊28ページ

「ただし」「けれども」と逆接《ぎゃくせつ》の役割《やくわり》をもつことばが続きます。こういう場合、二つめの逆接の後の内容《ないよう》が重要《じゅうよう》になります。一つめの逆接によって、一度反対の立場に立つことを表します。自分の考えにも欠点《けってん》があることを認《みと》めるのです。そうすることで、自分の意見をただ説明するだけでなく、さらに強調するのです。

「一方」に印《しるし》をつけ、それぞれの立場のちがいが明確《めいかく》になるようにタテ線やヨコ線を引こう。

1　［A］にふさわしいことばを五字でぬき出して答えなさい。

具体例にもヨコ線を引きます。

をするからな!〃というような、きびしさが感じられるのです。

という発言をあげます。

具体例《ぐたいれい》として、「謝《あやま》るぐらいなら、最初《さいしょ》からあんなことするな!」

いまから一〇年ほどまえ、神戸《こうべ》の自宅《じたく》近くの歩道を歩いていると、女子高生たちが熱心《ねっしん》に何かを話しながら、わたしの横を通りすぎていきました。そのとき、ふと聞こえたのが「①謝るぐらいやったら、最初《さいしょ》からあんなことせんかったらええのに!」ということばでした。

だれか(A)がこの発言の主(B)に不快《ふかい》なことをしてしまい、それをAは謝罪《しゃざい》したのですが、Bには謝罪だけでは気がすまなかった、ということなのでしょう。

筆者の考え、感想には線を引きます。

これを聞いて、わたしは変《へん》な感じがしました。そういうフレーズを使った覚《おぼ》えがなかったからです。わたしの世代がよく使うのは、「ごめんですむなら、警察《けいさつ》いらん」です。

〈そして、次のようにも感じました。〉〝謝罪することになると最初からわかっていれば、AもわざわざBが不快に感じることなどしなかっただろう。どのようなことをしたら相手に不快感をあたえ、傷つけることになるか、すべてをあらかじめ知ることなどできない。だから謝罪することに意味があるのに。もし謝罪が受けいれられないなら、何もできなくなるではないか。きびしい性格《せいかく》の女の子だなあ〃と感じたのです。

この発言は、きびしい性格を持つ、この高校生だからこその発言だろうと、そのときは考えていました。

ところが数年後、三重県伊勢市《みえけんいせし》で働《はたら》くようになって、ふたたび、女

ここから具体例《ぐたいれい》の部分です。細かくみるとエピソードが二つありますが、同じような内容《ないよう》です。この部分には筆者の考え、つまり「きびしいやさしさ」に対する筆者の考えとその理由が示《しめ》されています。

2 ――線①「謝るぐらいやったら、~せんかったらええのに」とあるが、筆者はこのことばを聞き、どのようなことを感じたか、ふさわしいものを記号で答えなさい。

ア 最近《さいきん》の若者《わかもの》の会話によって、/謝《あやま》ることの意味が変わってきたことを感じた。

イ 高校生たちのきびしい発言の中に、/相手への思いやりがあることを感じた。

ウ 初《はじ》めて聞く表現になじめないうえ、/無理《むり》なことを言っていると感じた。

[　　]

選択肢が長いときには、それぞれ前半と後半に分けて考えよう。

子高校生が「謝《あやま》るぐらいなら、最初《さいしょ》からあんなことするな！」と話しているのを耳にしたのです。さらにしばらくして、今度は同僚《どうりょう》の先生が、おなじ発言をしていました。

こうなってくると、神戸《こうべ》でわたしが聞いた発言は、たんに彼女《かのじょ》のきびしい性格《せいかく》ゆえの発言だとは考えにくく、②ひとつの社会的ルールをあらわしていると推測《すいそく》されます。もちろん、わたしのまわりに、たまたまきびしい性格のひとがいただけ、という可能性《かのうせい》もあります。しかし、このような発言にあらわれている考え方は、若者《わかもの》を中心にすでに定着している、とわたしは感じています。

この、「謝るぐらいなら、最初からするな」という発言にあらわれた考え方こそが、〝きびしいやさしさ〟です。傷《きず》つけないようにする点で、この考え方はやさしいと言えます。［B］、そこには、〝相手を不快《ふかい》にしたり、傷つけたりしないよう、いま全力をあげて努力しろ！〟〝もしわたしを傷つけたら、許《ゆる》さないぞ〟というきびしさがうかがえます。だから、きびしいやさしさ、なのです。

〈森真一《もりしんいち》『ほんとはこわい「やさしさ社会」』〉

＊不条理　理屈《りくつ》に合わないこと。筋道《すじみち》が通らないこと。

---

3 ――線②「ひとつの社会的ルールをあらわしている」とはどういうことか、ふさわしいものを記号で答えなさい。

ア 多くの人が同じような体験《たいけん》をしていたということ。
イ 広く一般《いっぱん》に共有《きょうゆう》されている考え方であるということ。
ウ 仲間《なかま》どうしだけで通用する決まりであるということ。

［　　］

4 ［B］にふさわしいものを記号で答えなさい。

ア だから　イ そして　ウ しかし

［　　］

具体例《ぐたいれい》の部分をはさんだ「筆者の考えが示《しめ》された部分」を確認《かくにん》しましょう。「やさしいきびしさ」とは「きびしさ」が根本《こんぽん》に、一方の「きびしいやさしさ」は「やさしさ」が根本にあります。

（出題例　東京・成城中）

入試問題にチャレンジ

次の文章を読んで、下の問いに答えなさい。

＊石油の精製過程《せいせいかてい》で働《はたら》く労働者《ろうどうしゃ》は、自分が砂漠《さばく》の土中深くからくみ出されたドロドロの原油を人間化していくのだという楽しさを味わうことができるだろうか。鉄の＊製錬《せいれん》も原油の精製《せいせい》もいまではどちらも＊オートメーション化された工場でおこなわれるが、そのオートメ化された工程《こうてい》を計器《けいき》で監視《かんし》する労働者にとっては、そこでつくられているものが鉄でも石油でもどちらでも同じことなのではないのだろうか。

都市の労働が本質的《ほんしつてき》に自然《しぜん》の人間化という労働の概念《がいねん》を＊逸脱《いつだつ》するものではないとしても、個人《こじん》としての労働者の中には、自分が自然に向き合い、それを加工《かこう》しているのだというプロセスが視野《しや》に収《おさ》まらないのである。だからそこでは労働の楽しさが＊喪失《そうしつ》されている。

山村の労働は一面では都市の労働よりはるかにきびしいものであるにちがいない。ときにそれは命がけであり、またいそがしいときには早朝から深夜にまでおよぶ。［A］、それに村人がたえることができるのは、自然の人間化という自分の労働のプロセスを自分自身がはっきり認《にん》識《しき》し、自分の労働の所在《しょざい》を自分で知っているからである。

もちろん都市の労働に対して山村の労働を＊対置《たいち》し、後者を美化することによって前者を批判《ひはん》することはあまり正しい方法ではない。ただ山村

問1 二か所にある［A］には同じことばが入ります。ふさわしいものを記号で答えなさい。

ア ところで　イ しかし　ウ なぜなら　エ つまり　［　　］

答え↓別冊32ページ

の社会においては、労働《ろうどう》の原初的《げんしょてき》な形態《けいたい》が残っている、ということは事実であるように思えるのである。

自然《しぜん》を人間化していく過程《かてい》としての労働、労働をこのようにとらえていくとき、それは一面で自然を克服《こくふく》していく過程という性格《せいかく》を持っている。労働とは一面で自然を克服し、人工化された社会をつくりだしていくことである。事実その論理《ろんり》に従《したが》って、都市の生産と生活はつくりだされてきた。そしてこの論理に従うかぎり、現代においてもっとも人間的に進んだ地帯《ちたい》は都市であり、山村はもっとも遅《おく》れた場所だということができる。

［A］、この論理は一つのことがらを忘《わす》れていた。それは①自然を人間化するという労働の過程には、その当然《とうぜん》の帰結《きけつ》として、人間の自然化がともなわれるということである。

浜平《はまだいら》の占有地《せんゆうち》にこれまでぼくはいろいろな作物を植えてきた。つくってみようという興味《きょうみ》のわいたものは何でも植えた。そしてそのいくつかは失敗作《しっぱいさく》であった。白菜《はくさい》でも品種《ひんしゅ》を誤《あやま》ったものは大きく育つことはなかった。キャベツとレタスとにんじんは毎年品種を変《か》えながら試《こころ》みているが、まだ満足《まんぞく》な状態《じょうたい》には育たない。「すこぶる美味であり、とうもろこしの王様である」という文面にひかれてまいたとうもろこしもまた実をつけなかった。やはり土地に合ったものでなければだめである。メロンなどはやっと花がさいただけであった。

浜平ではぼくが次々と新しい作物を持ちこんでくるので、村人は興《きょう》味《み》深くぼくの畑を見守っている。そのなかでももっとも注目を集めたの

問2 ――線①「自然を人間化する～人間の自然化がともなわれる」とはどういうことですか。ふさわしいものを記号で答えなさい。

ア 山村で畑を耕《たがや》して作物を育てようと失敗《しっぱい》をくり返しているうちに、畑の特徴《とくちょう》をとらえられるようになり、人間は自然《しぜん》の一部だと実感できるようになること。

イ 失敗をくり返して作物を育てる姿勢《しせい》を都市での石油精製《せいせい》という仕事に取り入れれば、都市に住む人間であっても山の自然と楽しく関わることができること。

ウ 人間は自然の一員だという意識《いしき》さえ持てば、都市に住む人間であっても野生動物の生活を尊重《そんちょう》し、また自然環境《しぜんかんきょう》も大切にできるようになること。

エ 都市に住む人間であっても山村に住み、けんきょな気持ちで作物を育てる生活を送っていれば、野生動物や自然もその人間を受け入れてくれるようになること。

［　　］

ヒント

問1 ［A］の前後の文の内容《ないよう》を比べよう。

問2 選択肢《せんたくし》を前半と後半に分けて、まず後半を――線部に照《て》らし合わせてみよう。――線の「人間の自然化」を正しく言いかえている選択肢はどれかな。

は、昨年《さくねん》植えた大ひょうたんである。これは二升《しょう》の酒が楽に入ろうというりっぱなものが大量《たいりょう》にできた。二つ三つあれば十分なので残りは村人に分けてしまったが、それはいぐさやごまの保存容器《ほぞんようき》としてけっこう便利《べんり》がられている。

それらの成功《せいこう》や失敗《しっぱい》をくり返していくなかで、ぼくにも少しずつ山の畑のもつ自然環境《しぜんかんきょう》というものがわかってきた。土が肥《こ》えていくという感覚や、傾斜地《けいしゃち》という土地の性格《せいかく》もわかってきた。それまで山に対してもっていた、ちょうど旅行者が山を見たとき感じるような漠然《ばくぜん》としたもの、抽象的《ちゅうしょうてき》なものとしての感覚《かんかく》が少しずつくずれ去り、［B］というものがわかってきたのである。

それは自分の労働《ろうどう》の対象《たいしょう》に山が入ってきたことを意味している。そして畑の耕作を媒介《ばいかい》として山とはなにかをとらえていくということは、明らかにぼく自身が自然の一員に加《くわ》わっていく過程《かてい》だった。

労働とは自然の人間化であるが、半面において人間の自然化である。②それは釣《つ》り人《びと》として山村にかかわっているかぎりわからないことであった。労働によって自然との関係《かんけい》をつくっていくことが、人間自身の自然化を促進《そくしん》するのである。

山里の畑を鳥やいのししが荒《あ》らし、蜂蜜《はちみつ》をくまがぬすみにくる。それを許容《きょよう》することのできるのは、山村という場所にすむ人間のあきらめではなく、村人自身が自然の一員であるという感覚《かんかく》から生じているのだとぼくには思える。自分自身を自然のなかにとけこませていくこと、そこに労働が成り立つ以上《いじょう》、労働は自然を克服《こくふく》することではなく、自然と

問3 ［B］に入ることばとしてふさわしいものを記号で答えなさい。

ア 山と人間との対決
イ 山と人間との邂逅《かいこう》(めぐりあい)
ウ 山と人間との交歓《こうかん》(楽しい関わり)
エ 山と人間との決別《けつべつ》(再び会うことのないわかれ)

［　　］

問4 ――線②「それは釣り人として山村にかかわっているかぎりわからない」とあるが、なぜですか。その理由を説明した次の文の［　］にあてはまる二十字以内の部分を問題文からぬき出して答えなさい。

山村での労働によって、［　　］しないと不可能だから。

(北海道・函館ラ・サール中)

共存《きょうぞん》することにつながる。そこに山＊にすむ人間のロマン主義《しゅぎ》が芽生《めば》える。

〈内山節《うちやまたかし》『山里の釣りから』〉

＊**精製**　まじり物をとりのぞいて、良質《りょうしつ》なものにすること。

＊**製錬**　鉱石《こうせき》から金属《きんぞく》の成分を取り出し、金属にすること。

＊**オートメーション化**　人手によらず、機械《きかい》で自動的に作業できるようにすること。

＊**逸脱**　本来の筋道《すじみち》からはずれること。

＊**喪失**　なくすこと。うしなうこと。

＊**対置**　対照《たいしょう》するようにおくこと。

＊**山にすむ人間のロマン主義**　山里で暮《く》らしていく以上、あわてなくてもなんでもが仕事になるという感じ方。

ヒント

問3　B の前では、筆者が「山」という自然環境《しぜんかんきょう》に対する理解を深めていったことが書かれている。その結果、何がわかったのか考えよう。

問4　「山村での労働」を筆者はどのようにとらえているか、探《さが》してみよう。

③

(MEMO)

(MEMO)

● 編著者紹介

海老原 成彦(えびはら なるひこ)

20年以上にわたり，サピックス小学部をはじめとする首都圏の大手進学塾で国語を指導。的確な入試分析と，生徒の学力に親身に寄り添う授業で，数多くの受験生を志望校合格へと導く。筑波大駒場や男女御三家などの最難関中学受験対策はもちろん，低学年生など，幅広い学力レベルの指導を経験。生徒ひとりひとりの能力を引き出し，国語の力を総合的に高めるための授業・教材について見識を磨いてきた。その豊富な経験を活かし，塾の広報担当として受験・子育てイベント会場で多くの保護者からの学習相談を受けた経験も持つ。エデュケーションフロンティア国語科主管。

シグマベスト
中学入試　分野別集中レッスン
国語　読解力

編著者　海老原成彦
発行者　益井英郎
印刷所　中村印刷株式会社
発行所　株式会社文英堂
〒601-8121　京都市南区上鳥羽大物町28
〒162-0832　東京都新宿区岩戸町17
(代表)03-3269-4231

●落丁・乱丁はおとりかえします。

中学入試

分野別

集中レッスン

国語 読解力

解答・解説

文英堂

ガイド付き

練習問題 1

解答

本冊18ページ

次の文章を読んで、下の1～3に答えなさい。

兄の宗一《そういち》といっしょに、浩《ひろし》は駅の貨車《かしゃ》積《づ》みのホームへ行き、鉄のスクラップの山をあさって、一本ずつ古い小刀を拾った。二本ともさびきっていたので、家へもどって、二人は砥石《といし》を並《なら》べて我《われ》を忘《わす》れて研《と》いだ。時々刃《は》に水をかけて指でぬぐい、研げた具合を見るのが楽しみだった。浩の小刀はよく光り、刃先へ向かって傾斜《けいしゃ》している面には、くちびるが映《うつ》った。宗一の小刀は、その面のふちだけが環状《かんじょう》に光っていて、中央にはさびたままの、くぼんだ部分を残《のこ》していた。

浩は、自分は丸刃にしてしまったが、兄さんは平らに研いだ、と思った。浩は自分が時間を浪費《ろうひ》して、しかも、取り返しがつかないことをしてしまったように思い、周到《しゅうとう》だった兄をうらやんだ。浩は①心の動揺《どうよう》をかくそうとして、だまってまた砥石に向かった。横にいる宗一が意識《いしき》されてならなかった。彼《かれ》が横にいるだけで浩は＊牽制《けんせい》されてしまい、自然《しぜん》と負けていくように思えた。しかし浩は並んで研いだ。宗一がどんなふうに研ぐか気になったからだ。宗一はやっていることにふけっていた。②浩は自分もふけっているように見せかけた。浩には時間が長く感じられた。自分が人をこんな思いにすることがあるのだろうか、と彼は思った。

ガイド　〔　〕をうめながら、読み進めよう。

「楽しみだった」という気持ちがはっきり書かれています。「浩」の気持ちに線を引いていきましょう。

小刀をうまくとぐことができなかったようです。

心の中のようすと行動に表れた体のようすが一致《いっち》していません。浩の本当の気持ちは、線を引くことで、はっきり見える形に残しておきます。

1 ――線①「心の動揺」とは浩のどんな思いをさしているか。ここより前の部分にある一文を探《さが》し、初《はじ》めの五字をぬき出して、答えなさい。

浩	は	自	分	が

2 ――線②「浩は自分もふけっているように見せかけた」とあるが、なぜか。ふさわしいものを記号で答えなさい。

ア 一生懸命《いっしょうけんめい》研《と》いでいる兄のじゃまをしたくないから。

浩《ひろし》は自分の小刀で手のひらを切って、宗一《そういち》に見せるようにした。宗一はそれに気づき、目を上げて浩を見た。浩は自分から宗一の視線《しせん》の前へ出て行った気がした。宗一をだました自信《じしん》はなかった。宗一は研《と》いでいた小刀を浩に差《さ》し出して、

――これをやらあ、と言った。そして今まで浩が研いでいた小刀を、研ぎ始めた。

――けがはどうしっか、と浩は聞いた。彼《かれ》はもう③うその後始末《あとしまつ》の仕方を、宗一に求《もと》めている気持ちになっていた。

――けがか、ポンプで洗って、手ぬぐいでおさえていよ、と宗一は言った。

――……。

――おまえんのも切れるようにしてやるんて、痛《いた》くても我慢《がまん》して待っていよ。

浩はポンプを片手《かたて》でおして、傷《きず》に水をかけた。血は次から次へと出てきて、水に混《ま》じってコンクリートのわくの中へ落ち、彼に魚屋の流し場を思わせた。彼はその流れ具合を見て、これがぼくの気持ちだ、どうしたら兄さんのようにしまった気持ちになれるだろう、と思った。宗一はたくみに力を込《こ》めて研いでいた。浩はその砥石《といし》が、規則《きそく》正しく前後にゆれているのを見守っていた。すべてが宗一に調子を合わせて進んでいた。

〈小川国夫《おがわくにお》「物と心」〉

*牽制　相手を自由に行動させないようにすること。

イ　失敗《しっぱい》したことが兄にばれてしかられたくないから。
ウ　自分の心の動揺《どうよう》を兄にさとられたくないから。

「だました」とはどうすることをさしているのでしょうか。正しいほうを選びましょう。　［ ウ ］

［わざと／あやまって］小刀で手を切ってしまったように見せること。

兄のようすに注意しましょう。ケガをした弟に何があったかも聞かず、いきなり自分の小刀をあげました。

3

① ――線③「うその後始末」とあるが、宗一は、浩が小刀を研《と》ぐのを失敗《しっぱい》したことを知っていたか、知らなかったか、答えなさい。　［ 知っていた ］

② それが明らかにわかる「宗一のことば」をさがし、初《はじ》めの五字をぬき出して答えなさい。（記号は字数にふくめません）

おまえんの

小刀をうまくとげず、自分の手を傷《きず》つけても気持ちは収《おさ》まらず、それどころか兄に何もかもかなわないことを思い知らされた浩がどんな気持ちでいたのか想像《そうぞう》してみましょう。

（出題例　神奈川・フェリス女学院中）

次の文章を読んで、下の1～3に答えなさい。

「愛《あい》」と「ユウ兄ちゃん」は、それぞれ子どもを育てられない実の親の元をはなれ、「トーサン」「カーサン」の家に引き取られている。大学進学をきっかけに家を出ることを決めた「ユウ兄ちゃん」とすごす最後《さいご》の夜である。

「トーサン、おぼえてる？　一年生のころ、おれ、万引きしたことあるやろ」

うむ、とトーサンはちいさくうめくようにこたえた。そんなこと知らなかった。

愛は（びっくりして）カーサンを見た。カーサンはちょっと（こまった顔）をして、目をふせた。

「愛がうちにきたばっかりやったなあ。学校の近くのお菓子《かし》屋で、何回かやった。それをカーサンが気づいて、その晩《ばん》トーサンがおれをつれて、その店にいった。座敷《ざしき》で、……」

ユウ兄ちゃんははらはらと涙《なみだ》をこぼした。泣《な》かないはずのユウ兄ちゃんが泣いている。負けん気が強くて、①人前では涙を見せないユウ兄ちゃんが手放しで泣いている。

愛は見てはいけないものを見てしまったようで、目をそらせた。

気持ちがはっきり書いてあります。（ ）などで目立たせるのもよいでしょう。

本冊32ページ

ガイド　「　」をうめながら、読み進めよう。

これはだれの心の中のことばでしょうか。物語はこの人物の立場で書かれています。つまり、「 愛 」が主人公です。

「トーサン」が泣いているのは「ユウ兄ちゃん」のことばを聞いたからです。どんなことばでしょうか。

→自分が「 万引き 」したせいでトーサンに悲しい思いをさせてしまったこと。

ユウ兄ちゃんがまだ幼《おさな》いころにあったつらいできごとを思い出しています。3行目「ちいさくうめくように」にもそういう気持ちが表れています。

1 ——線①「人前では涙を見せないユウ兄ちゃんが手放しで泣いている」のはなぜか、記号で答えなさい。

ア トーサンが謝《あやま》ってくれたために自分がおこられずにすんだことを思い出し、感動したから。

イ 万引きをしたときの悲しい思い出がよみがえってきてつらくなったから。

ウ 他人である自分を家族として大切にしてくれたことが今でもうれしかったから。

［ ウ ］

「トーサンが、トーサンが、手ェついて、あやまってくれて……それまで、見たことのないような、悲しそうな顔で、あやまってくれてる」

トーサンは目をしばたたかせ、口を真一文字《まいちもんじ》にむすんでいる。カーサンはだまって立って、ティッシュの箱をとってきた。

「おれ、それまでふてくされてたんやけど、そこではじめて、わるいことした、思《おも》うた。万引きしたことより、トーサンにこんな目をさせて、わるかった、いう感じやった。そやけど、これでもう、この家にはおいてもらわれへん、覚悟《かくご》した。おやじの家はあかんやろし、また、この家にくる前にちょっとだけおった施設《しせつ》にいかなあかんのやろ、思うたんや」

（「心の成長」です。）

カーサンがティッシュを一枚《いちまい》とって、ユウ兄ちゃんにわたした。ユウ兄ちゃんはそれで涙《なみだ》をぬぐった。カーサンはじぶんも鼻をかんだ。

（カーサンもつらい気持ちで泣いているのがわかります。）

「帰り、表通りから一歩はいると、うす暗くて。トーサンのあとからついていってたんやけど、トーサンがふりむいて、手エつないでくれて。その手がものすごう、あたたかいねん」

（トーサンの「気持ちが表れた行動」です。）

②愛はこらえきれず、すすり泣いた。カーサンがティッシュの箱を愛のほうに押した。ユウ兄ちゃんも声をころして泣いている。愛は一枚ティッシュをとり、箱を横のユウ兄ちゃんにそっとおしやった。

「『ええか、もうしたらあかんで。約束《やくそく》やで』て、トーサンがいうたんで、おれは、うん、ていうて。そしたら、トーサンがぎゅっと、にぎった手に、力、いれてくれて」

（トーサンの「気持ちが表れた行動」です。）

トーサンの目が涙でひかった。

〈大谷美和子《おおたにみわこ》『愛の家』〉

「施設《しせつ》にいかなあかんのやろ」と思ったのはなぜだろう。
↓万引きするような「わるい子」はもう家には［ おいて ］もらえないだろうと覚悟したから。

ところがトーサンは
［ 手をつないで ］くれた
［「ええか、もうしたらあかんで。約束やで」と言って ］くれた
「ユウ兄ちゃん」を本当の［ 家族 ］として大切にしてくれていたのです。

2 万引きをしたユウ兄ちゃんが一番心配していたのはどんなことか、会話文の中から十四字でぬき出しなさい。

こ	の	家	に	は	お	い	て	も	ら	わ	れ	へ	ん

3 ――線②「愛はこらえきれず、すすり泣いた」のはなぜか、記号で答えなさい。

ア トーサンのやさしさに心うたれたから。
イ ユウ兄ちゃんのつらい気持ちがわかったから。
ウ 万引きしたことがわかりショックだったから。

［ イ ］

（出題例 愛知・東海中）

本冊34ページ

次の文章読んで、下の1～3に答えなさい。

〔「ぼく」と「兄」は、二人でしし座流星群《ざりゅうせいぐん》を観測《かんそく》している。〕

二人で望遠鏡《ぼうえんきょう》をかついで斜面《しゃめん》を登る。一〇分も登ると、昨日《きのう》の雨で湿《しめ》ったカヤが足にまとわりつき、露《つゆ》がくつ下をつきぬけ、足の指の間でうずくまった。

頂上《ちょうじょう》に着く。兄が望遠鏡を組み立て、スバル*に合わせ始めた。

ぼくは、『季節《きせつ》の星座《せいざ》』という本を開いた。懐中電灯《かいちゅうでんとう》をつける。おうし座の肩《かた》にあたるスバルは今の季節は東の空にあると書いてあった。

おうし座を探《さが》す。

スバルはすぐに見つかったが、角《つの》にあたる星が天の川にひっかかってわかりにくい。

空に線を引いたつもりで探す。なぜ昔の人は牛だとか、蛇《へび》だとか思いついたのだろう。そんな風に見えたことはないし、星を線で結《むす》んでも形にはならない。角の星が見えないなら今夜はめうし座にしたっていいだろう。

「見えたぞ」

兄がスバルをつかまえたらしい。「ホラ」といってかわってくれる。

ガイド 〔　　〕をうめながら、読み進めよう。

登場人物は二人。「ぼく」と「兄」です。

〔 ぼく 〕の目を通して、物語が進んでいきます。

兄が望遠鏡《ぼうえんきょう》でスバルを見つけました。

「いくつ見える？」

「一つ、二つ、三つ。うーん一五ぐらいかな」

目で見ると、スバルは六個《ろっこ》ぐらいに見える。この望遠鏡《ぼうえんきょう》を使えば、二〇個ぐらいは見えるはずだ。

「兄ちゃん」

思わず、望遠鏡から目をはなさず大きな声を出した。

流星だった。

兄が、だまりこくったまま地面にしゃがんで空を見上げている。

天の頂上《ちょうじょう》あたりにカシオペアがあった。じっと見ているとWがMに見えてくる。そして、体重がふうっと消えていくように感じる。宇宙《うちゅう》に二人だけ取り残《のこ》されたようで急に（不安《ふあん》になる）。

不意《ふい》に転校した学校のことを思いだした。東京から来たこと。言葉がちがうこと。なにかというと「東京」とバカにされる。ぼくのことが学校のヤツらはなんでも気に入らないらしい。

「俊夫《としお》、学校で友だちができたか？」

兄が出しぬけにきいた。

「うん」といおうとしたが、急にきかれたのでノドがつまってなかなかいえない。
①なぜだか涙《なみだ》が出てきた。
「いじめられているのか？」

兄が重ねてきいてくる。

鼻をグスングスンいわせながら、それでもなんとか「ちがう、ちが

気持ちがはっきり書かれています。

「心の中のことば」です。

兄の立場からすると「友だちができたか」と聞いたところ弟が急に泣き出したのでいじめられていると思ったのでしょう。

このときふたりは真上を見ています。ということは［ まわり ］はまったく見えないということです。自分が［ 地球 ］の表面に立っていることを忘れ、まるで［ 宇宙 ］にうかんでいるように錯覚《さっかく》してしまったのでしょう。

この部分だけ場面がちがっています。星空を見ていて感じた［ 不安 ］が別のときに感じた気持ちと重なり、不意に学校でのできごとを思い出したのです。

1 ――線①「なぜだか涙が出てきた」とあるが、このときの気持ちとしてふさわしいものを記号で答えなさい。

ア いじめられていることを思い出し、つらい気持ちになったから。
イ いじめられていることを見ぬいた兄のやさしさに感動したから。
ウ いじめられている自分自身がなさけなくてしかたなかったから。

［ ア ］

う」というと、よけい涙《なみだ》が出てきた。

「そのうち、友だち、出来るよ。仲間《なかま》に入ろうとしなきゃ、だめだよ。だれか気の合いそうなヤツいないのか。星を見るのが好きなヤツとか。この望遠鏡《ぼうえんきょう》、学校に持っていっていいよ。友だちに見せてやって、おまえの知っている星の話、してやれよ。オレは、三年になったら天文部の部長になれっていわれてんだ」

兄が笑《わら》いながらいった。

「天文部の部長！　すごいよ、兄ちゃん」

涙がとまった。

「もうすぐ、＊シリウスの季節《きせつ》だなあ」

兄が東の空を見る。

「シリウス、うん」

「来月になるとシリウスが東の空に顔を出す。砂漠《さばく》のアラビア人はシリウスを『千の色の星』とも呼《よ》ぶんだ。見ている間に、青、白、緑、紫《むらさき》とプリズムみたいに色を変えるから」

「シリウスって一番明るい星だよね」

「そうさ。でも、直径《ちょっけい》は太陽の二倍しかない。地球からの距離《きょり》が八・六光年で、日本から見える＊恒星《こうせい》ではもっとも近いから明るく見えるんだ」

兄の力強い話し方はまるで死んだ父そっくりだ。

「八・六光年かぁ」

八年前といえば、まだ父が生きているころだ。その時シリウスを出発した光がもうすぐ地球に届《とど》く。宇宙《うちゅう》は②巨大《きょだい》なアルバムだ。ぼくらは宇

「兄」を心配させまいとしますが、本当の気持ちをかくせません。

お父さんと兄を重ねて見ています。

涙がとまった理由を考えてみよう。

兄が［　天文部の部長　］になる

←

他の部員たちから信頼《しんらい》されている

←

兄も転校生だが、積極的《せっきょくてき》に［　仲間に入ろう　］としてきた。

「巨大なアルバム」という比喩《ひゆ》で宇宙《うちゅう》の大きさを表しています。そしてその大きさを感じて、「ぼく」は勇気《ゆうき》をとりもどします。

大きいこと＝［　八年もかけて光が地球に届くこと　］

⇔

小さいこと＝［　学校でいじめられていること　］

また「アルバム」という比喩から次のように読みとることができます。

→宇宙には父が［　生きていたころの思い出　］が今も残っている。

2 ——線②「巨大なアルバムだ」とあるが、どういう意味のたとえか、ふさわしいものを記号で答えなさい。

ア　宇宙は数えきれないほどある星が収《おさ》められたアルバムのようだということ。

イ　宇宙いっぱいにあると思えるほど、父の残してくれた思い出は数多いということ。

ウ　父が生きていたころの光がまだかがやいているほどスケールが大きいということ。

［　ウ　］

宙のすみっこに取り残されているわけじゃない。ぼくは〝勇気《ゆうき》〟を取りもどした。

プラスの気持ちに変化しました。直前の思いが「きっかけ」です。

〈ビートたけし「星の巣」〉

＊スバル　星の集まりである星団《せいだん》の名。正式にはプレヤデス星団という。
＊シリウス　星の名。おおいぬ座の星の一つ。
＊恒星　見える位置《いち》がほとんど変わらない星。

---

3 「ぼく」の気持ちはどのように変化したか、ふさわしいものを記号で答えなさい。

ア　友だちができず、落ち込んでいたが、兄が天文部の部長になることで、自分も積極的になろうと意気ごむようになった。
イ　転校先になじめず、とり残されたような気になっていたが、星をつうじて父や兄とつながっていることが実感できた。
ウ　いじめられてつらかったが、亡《な》くなった父の思い出にひたることで、ひとりぼっちではないと思えるようになった。

［　イ　］

（出題例　神奈川・聖光学院中）

本冊52ページ

次の文章を読んで、下の1〜3に答えなさい。

[1] ヒトは乗り物酔《よ》いや食中毒《しょくちゅうどく》などではしばしば吐《は》きます。ペットを飼《か》っていた人ならば知っていると思いますが、イヌやネコもまたヒトと同じように吐きます。研究者がよく使う実験動物《じっけんどうぶつ》であるネズミやウサギはけっして吐きません。吐くための脳回路《のうかいろ》が備《そな》わっていないからです。要するに〝制吐薬《せいとやく》〟や〝吐き気止め薬〟の研究には*ラットやマウスが使えないわけです。そこで*嘔吐《おうと》の研究にはイヌやネコ(ときにはヒト)を実験台として使わなければなりませんでした。これは*デメリットです。イヌやネコはネズミよりも大型の動物ですから大規模《だいきぼ》な飼育施設《しいくしせつ》が必要ですし、そもそも一日に何匹(何人)も検査《けんさ》することができません。また効能《こうのう》を調べたい試薬《しやく》や薬物も、多くの量《りょう》が必要《ひつよう》になります。つまり、嘔吐の研究の現場では「小型《こがた》で嘔吐する動物」が必要とされていたのです。

[2] そんな中、齋藤教授《さいとうきょうじゅ》は当時、「スンクス」とよばれる体長一五センチメートルほどの小型の動物(南日本から台湾《たいわん》にかけて生息するモグラの一種《いっしゅ》)を用いての肝臓《かんぞう》の研究をしていました。ある日教授は、*肝《かん》硬変《こうへん》がいかに生じるのかを調べるために、スンクスにアルコールを投与《とうよ》しました。するとスンクスが吐いたのです。驚《おどろ》いた教授は周囲《しゅうい》に

ガイド 〔　〕をうめながら、読み進めよう。

二つめと三つめの文は「〜吐きます」「〜吐きません」と正反対のことを続けています。この二つの文は対比関係《たいひかんけい》になっています。

「小型で嘔吐する動物」が必要とされていた理由を次のようにまとめてみました。

実験動物であるマウスやラットには吐くための〔 脳回路 〕がない。
↓
嘔吐の研究には〔 イヌ 〕や〔 ネコ 〕、ときには〔 ヒト 〕を実験台にした。
↓
これらの〔 大型の動物 〕では問題が多い。
↓
「小型で嘔吐する動物が」必要とされていた。

1 [1]段落《だんらく》のどこかから「一方、」ということばがぬけ落ちています。入れるのにふさわしいところを探《さが》し、あとに続く文の初《はじ》めの五字をぬき出して答えなさい。

研	究	者	が	よ

「スンクスは吐《は》くぞ！」と興奮《こうふん》しながら言いました。すると周囲の人々は「何を今さら」といった表情《ひょうじょう》で「そりゃ、そうですよ」と平然《へいぜん》と答えたそうです。

「問題意識」が次の行で言いかえられています。どちらも「キーワード」です。

3 このとき齋藤教授《さいとうきょうじゅ》と周囲の研究者のちがいはなんだったでしょうか。そうです。齋藤教授は「問題意識《もんだいいしき》」をもっていたのです。嘔吐《おうと》の研究には今どんな問題があって、何が望《のぞ》まれているのかを知っていたのです。〈一方〉、周囲の研究者たちはこれまでにも何度もスンクスが嘔吐する様子を見てきたにもかかわらず、それが嘔吐研究にどれほど重要《じゅうよう》な意味があるのかを理解《りかい》していなかったのです。その後、スンクスが国際的《こくさいてき》な実験動物となって嘔吐研究に貢献《こうけん》したのは言うまでもありません。

4 「発見」とはたんに「初《はじ》めて見る」という意味ではありません。「ただ見る」だけでは発見ではありません。目の前に見えている事実の重要性に気づいてこそ「発見」なのです。

5 重要性に気づくためには「□」をもっていなければなりません。一体、自分は何を知りたいのか、世間が何を欲《ほっ》しているのか、何がまだ解明《かいめい》されていないのか、どんな事実がわかればその後どんな道が開けるのか。こうした□をもっていなければ発見はありえません。

〈池谷裕二《いけがやゆうじ》「薬の開発のために脳《のう》をきわめる」〉

＊ラットやマウス　医学などの実験《じっけん》に使われるネズミの仲間《なかま》の小動物。
＊嘔吐　吐《は》きもどすこと。
＊デメリット　欠点《けってん》。不利《ふり》な点。
＊肝硬変　肝臓《かんぞう》の病気の一つ。

2 ――線「平然と答えた」のはなぜか。その理由としてふさわしいものを記号で選びなさい。

ア 実験《じっけん》動物の体調にまで注意する必要《ひつよう》がないから。
イ いままでにも何回も見ていてあたりまえだったから。
ウ 肝臓《かんぞう》の研究では嘔吐《おうと》のことは関係《かんけい》ないから。

〔　イ　〕

対比《たいひ》を表す〈一方〉が、何と何とをくらべているのか、そしてそれぞれのどんなことをくらべているのか、線を引いてはっきりと確認《かくにん》します。

齋藤教授
↔対比
〔　周囲の研究者　〕

1～3段落《だんらく》と4～5段落は「具体例」と「筆者の考え」の関係になっています。齋藤教授がなぜ「発見」できたのか確認しましょう。「事実の重要性」に気づくことができたからです。それでは、なぜ「気づけた」のか、線を引いてみましょう。

3 二か所ある□に共通《きょうつう》してあてはまることばを、文中から五字以内《いない》でぬき出して答えなさい。

問題意識

（出題例　東京・大妻中）

本冊54ページ

次の文章を読んで、下の1～5に答えなさい。

「対比を表すことば」の前後にはヨコ線を引こう。

1 ロンドンのテムズ川のほとりに、有名なビッグベン*のそびえる国会《こっかい》議事堂《ぎじどう》がある。テムズ川ごしに見る議事堂の風景《ふうけい》は、ロンドンを代表する景観《けいかん》だ。写真などで見たことのある人も多いだろう。この川の反対側(西側)の広場から、国会議事堂の見学ツアーが出発する。ガイドのあとについていくと、あっけないほどかんたんに、あの有名な下院(日本の衆議院《しゅうぎいん》にあたる)の議場《ぎじょう》のまんなかに案内《あんない》してくれる。

2 議場の中にはいって周囲《しゅうい》をぐるりと見まわしてみよう。〈まず最初《さいしょ》に気がつくのは、〉議場の形が長方形だということだ。日本もそうだが、フランスをはじめヨーロッパ大陸《たいりく》の諸国《しょこく》では、議場の形はたいてい馬《ば》*蹄《てい》形である。これは、演説《えんぜつ》にむいている議場の形だといわれている。〈それにたいして〉英国の議場では、多数党《たすうとう》の議員《ぎいん》と少数党の議員とがむかいあってすわる。これは、議場がディベート(討論《とうろん》)の場所であることをしめしている。議場の一階《いっかい》のつくりは、議長席《ぎちょうせき》と大きな書《しょ》記官《きかん》のテーブルをはさんで、段々《だんだん》になった五列のベンチがならんでいるだけ。メモをとるための机《つくえ》すらない簡素《かんそ》な構造《こうぞう》である。議長席から見て右手に与党《よとう》議員、左手に野党《やとう》議員がすわる。議員それぞれにいすがあるのではなく、緑色のベンチの好きなところに、勝手に腰《こし》をか

ガイド　〔　　〕をうめながら、読み進めよう。

1 段落《だんらく》は「具体例」です。この文章の話題は「イギリスの議事堂(議場)」のようです。

2 段落が始まってすぐ「まず最初に気がつくのは、」という順番《じゅんばん》を示《しめ》すことばが出てきました。もちろん大事なのは〔 議場の形が長方形だということ 〕ですから、ここにはタテの線を引いておきましょう。

2 段落のなかばに「それにたいして」という対比《たいひ》を示すことばがあります。前後を調べてみましょう。

日本やヨーロッパの議場＝〔 演説 〕にむいている。

↔対比

英国(イギリス)の議場＝〔 討論 〕にむいている。

3 段落に進むと「次に気がつくのは」という順番を示すことばがありました。「英国の議場」の二つめの特徴《とくちょう》がここではっきりします。

けることになっている。

3 〈次に気がつくのは、〉思いのほか、議場《ぎじょう》そのものがせまいということだ。それもそのはずで六百五十名をこす議員《ぎいん》にたいして、三百五十人ほどの収容力《しゅうようりょく》しかないのである。この議場は第二次世界大戦中にドイツの爆撃《ばくげき》をうけて破壊《はかい》されたが、再建《さいけん》にあたっては、全議員を収容《しゅうよう》できる大きな議場にすべきかどうかをめぐって意見が分かれたことがある。そのとき首相だったチャーチルが、次のような演説《えんぜつ》をしている。

4 「議場が全議員を収容できるほど大きいと、たいていの討論《とうろん》は、ほとんど空っぽか、少なくても半分ぐらいしか議員のいない、だらけた議場で行われることになる。これでは話す人も聞く人も張り合いがないし、傍聴人《ぼうちょうにん》も出席者《しゅっせきしゃ》の少ないのを見てがっかりすることであろう。

5 庶民院《しょみんいん》(下院)で上手に話す秘訣《ひけつ》は会話体にあり、気軽に四角張《しかくば》らずに相手の言葉《ことば》を素早《すばや》くとらえて意見を交換《こうかん》する技術《ぎじゅつ》にある。演壇《えんだん》からの演説はそれにとってかわる悪い代用品である。せまい議場でなければ会話体で話をすることができない。」

大切なことの「理由」は波線など区別できる線を引こう。

6 チャーチルは〈さらにつづけて、〉せまい議場にはいりきれないほどの議員がぎっしりつめかけている方が、緊張感《きんちょうかん》があってよいのだ、とも述《の》べている。この意見が大方《おおかた》の支持《しじ》を得て、下院の議場は現在《げんざい》のようにせまいままで再建されたのである。

7 ここからもわかるように、イギリスの議会では、長たらしい演説口《く》調《ちょう》の話し方は、決して歓迎《かんげい》されない。具体的な内容《ないよう》を、簡潔明瞭《かんけつめいりょう》に

---

1 議場《ぎじょう》に入って気づいたことを九字と十字で、二つぬき出して答えなさい。

議場の形が長方形だ

議場そのものがせまい

3 段落の終わりから 6 段落まで、チャーチルの演説の話題になります。「さらにつづけて」と順番を示すことばあり、議場がせまいほうがよい理由がつけ加えられています。

2 チャーチル首相が議場はせまい方がいいと考える理由を「〜から」が続く形で二十五字と九字で、二つぬき出して答えなさい。

せまい議場でなければ会話体で話をすることができない から

緊張感があってよい から

話す方がよいとされている。この方が討論《とうろん》も活気づくからである。この討論の精神《せいしん》をいかすために、原則《げんそく》として原稿《げんこう》を棒読《ぼうよ》みするだけの発言も禁止《きんし》されている。

直前の内容の理由です。

8 ただ、むきあって相手の顔を見ながら討論していると、人はだんだん興奮《こうふん》してくるものである。それが対立する政党《せいとう》の議員《ぎいん》同士でたたかわされる討論であればなおさらだ。そこで、イギリスの議会は、討論を冷静《れいせい》にすすめるための数かずのルールを生み出した。

後に示された「ルール」の理由です。

具体例の部分にはヨコ線を引きます。

9 相手をののしったり、侮辱《ぶじょく》したりする表現《ひょうげん》をゆるさないことはもちろんである。

たとえば、法案《ほうあん》の*審議《しんぎ》のなかで、一人の若手《わかて》議員が立ちあがり、政府《せいふ》を激《はげ》しく批判《ひはん》したとしよう。あまりの攻撃《こうげき》の激しさにむっとした首相が、発言のために立ちあがる。

「イギリスのかかえている困難《こんなん》はあまりに大きい。たとえて言えば、大なべたっぷりの水を熱湯にかえなければならないようなものである。では、ただいまの名誉《めいよ》ある議員の発言は、この状況《じょうきょう》にどういう貢献《こうけん》をするのでしょうか。まあ*さしずめ、なべの下でわらくずが、ぱちぱち燃《も》えているようなものだと存《ぞん》じます。」と、答えてさっさとすわる。

10 わらは威勢《いせい》よく燃《も》えるわりには、火力がない。つまり、「あなたの意見は、ことばづかいが激しいだけで、何の役にも立たない意見だ。」という*比喩《ひゆ》である。ここで若手議員はひるんではいけない。自分の提《てい》案《あん》は有益《ゆうえき》なものであり、それがわからないのは首相の理解力《りかいりょく》のほうに問題があるのだという主張《しゅちょう》を、より洗練《せんれん》された比喩を使って反論したいところである。もちろん、この皮肉にどぎまぎしているようなら

---

7 段落《だんらく》では、それまでの「 議場 」についての話題から「 討論 」に話題がうつっています。それに加えてどのような話し方がきらわれ、あるいは好まれるか書いてあります。

長たらしい演説口調の話し方＝歓迎されない

↔対比

簡潔明瞭に話す＝よいとされている

8 段落から「討論を冷静にすすめるためのルール」が話題になります。「討論を冷静にすすめるためのルール」を具体的《ぐたいてき》に説明しているのが、この後の**9**段落からと見通しを立てましょう。

9 段落で注意したいのが、「たとえば」からの「具体例」の部分です。具体例は読者にとって話の内容を理解しやすくさせてくれるものです。「ルールの説明」がどのように整理されているのかを見落とさないように注意しましょう。

11 段落の初めに「さらに～」という順番《じゅんばん》を示《しめ》すことばがあります。ようやくここで二つめのルールが示されたわけです。これに対応する一つめのルールを確認《かくにん》するために、もう一度、**9**段落にもどり、具体例が始まる「たとえば」の前の部分に注目しましょう。

3 イギリスの議会《ぎかい》での討論《とうろん》のルールを二十五字と二十六字で、二つぬき出して答えなさい。

若手《わかて》議員《ぎいん》の負けである。

11 〈さらに〉議場では、議員の名前を直接《ちょくせつ》は呼《よ》ばず、遠回しに表現するルールもある。相手を指さして「きみのいまの意見は……」などとやったら、どこの国だってたちまちけんかになるだろう。そこで名前を呼《よ》ばずに、まず選挙区《せんきょく》と職業《しょくぎょう》で相手議員を表現することになっている。それも*三人称《さんにんしょう》の最大限《さいだいげん》の敬称《けいしょう》をつけなければならない。たとえば相手が法律家《ほうりつか》の場合であれば、「ケント州選出《せんしゅつ》の、名誉《めいよ》ある博学《はくがく》の議員の意見について述《の》べたい。」などのように。

「順番ことば」に続く部分に線を引きます。

〈渡部淳《わたなべじゅん》『討論《とうろん》や発表をたのしもう』〉

65

*ビックベン　イギリスの国会議事堂《こっかいぎじどう》の時計塔《とけいとう》。
*馬蹄形　馬のひづめの形。
*審議　会議《かいぎ》に提出《ていしゅつ》された議案《ぎあん》について、くわしく相談すること。
*さしずめ　言ってみれば。
*比喩　たとえ。あるものごとを、それに似《に》た他《ほか》のものごとを借《か》りて表すこと。
*三人称の最大限の敬称をつける　ここでは、聞き手を「きみ」(二人称《ににんしょう》)と呼《よ》ばず、その人の職業《しょくぎょう》や地位などに最大限《さいだいげん》の敬意《けいい》を表した言い方で表現《ひょうげん》すること。

相手をののしったり、侮辱したりする表現をゆるさない

名前を呼ばずに、まず選挙区と職業で相手議員を表現する

4 次の一文がどの段落《だんらく》の最後《さいご》に入るか、答えなさい。

もちろん、ユーモアを交えた発言は大歓迎である。

[7]段落

5 この文章を内容《ないよう》のうえで二つに分けたとき、後半の部分が始まるのはどの段落からか、答えなさい。

[8]段落

次の文章を読んで、下の1〜3に答えなさい。

1 「で、そんなにたくさん[写真]をとって、君は帰ってから、その写真をじっくり見たことがあるのかい。」

2 そう言われて、①私《わたし》はギクとした。何十本、ときには一回の旅で百本以上《いじょう》のフィルムにさまざまな風景《ふうけい》をおさめながら、実を言うと、私はそのほとんどを見たことがないのだ。

3 しかし、考えてみると、こうしたことは、なにも写真に限《かぎ》らない。[ビデオの場合]だってそうだ。興味《きょうみ》をひくテレビの番組があると、私は女房《にょうぼう》に、必《かなら》ずビデオをとっておくように頼《たの》む。そんなビデオが今やかなりの量《りょう》に達《たっ》した。だが正直に告白《こくはく》すると、これまでとったビデオの一本たりとも私は見たことがないのである。だから、この番組を忘《わす》れずにとっておいてくれ、と頼むと、女房は顔をしかめて、「また？　そんなこと言ったって、あなたったらビデオを見たことがないじゃないの。」と言う。だが、こちらとしては、いつか見ようと思っているのだ。が、見ない。いつでも見られるという安心感だけで終わってしまうのである。

（筆者の感想です。線を引きます。）

4 まだある。[新聞や雑誌《ざっし》の切り抜《ぬ》き]である。その切り抜きはそれこそ山のようにあるが、恥《はじ》をさらして言えば、これまで私はついぞ、そ

ガイド　【　　】をうめながら、読み進めよう。

本冊68ページ

1 段落《だんらく》で言われた通り、筆者はたくさんの写真をじっくり見たことはなかったようです。「ギクとした」は、自分ではまったく気づいていなかったことを言われたということでしょう。

1 ――線①「私はギクとした」とあるが、このときの気持ちとしてふさわしいものを記号で答えなさい。

ア 自分では気づいていなかったが、言われた通りなので、おどろいている。

イ 自分がこれまでかくしていたことを知られてしまい、とまどっている。

ウ 自分に対して敵意《てきい》むきだしで反論《はんろん》してくる相手に腹《はら》を立てている。

［　ア　］

「筆者の体験」も細かくみると話題によって三つに分けることができます。

［　写真　］の場合

［　ビデオ　］の場合

［　新聞や雑誌の切り抜き　］の場合

れを利用《りよう》したことがない。しかも、切り抜いたり、コピーしたりした記事に限《かぎ》って、切り抜く前にじっくり読んだためしがないのだ。後で丹念《たんねん》に読めばいいと、ついそう思うからである。カメラ、ビデオ、複《ふく》写機《しゃき》、こうした便利《べんり》な道具によって、私は自分ながら情《なさ》けないほどふまじめになってしまった。

これも感想です。

5 なるほど＊藤田氏《ふじたし》の言うとおりである。カメラに頼《たよ》れば、無意識《むいしき》のうちに風景を真剣《しんけん》に見つめなくなる。人生は日々一期一会《いちごいちえ》である。その心構《こころがま》えが次第にうすれて、②人生を漫然《まんぜん》とした安心感だけでやり過《す》ごしかねなくなる。私《わたし》はいたく反省《はんせい》した。だが、こうした人間の易《やす》きにつく本性《ほんしょう》については、すでに二千年以上も前に＊荘子《そうし》がちゃんと警《けい》告《こく》しているのである。彼《かれ》はこう言っているのだ。③機械《きかい》あれば必ず機事《きじ》あり、機事あれば必ず機心《きしん》あり。すなわち、機械を使うと必ず機械に依存《いそん》する仕事が増える。仕事が増《ふ》えれば、いよいよ機械に頼《たよ》らなければならなくなる。すると、やがて必ず機械に頼る心が生じ、それが健康《けんこう》な人生の営《いとな》みを損《そこ》ね、「道」からいよいよ遠のいてしまう、というのだ。

〈森本哲郎《もりもとてつろう》「二十一世紀のおそろしさ」〉

だれにでも共感できるように抽象化している部分、つまり「タネ」の部分は波線などで目立たせよう。

＊藤田氏の言うとおり　藤田氏は画家で、筆者と旅行中「カメラという便利《べんり》な機《き》械《かい》があると、つい、それに頼《たよ》って人間は対象《たいしょう》を見つめなくなるんだな」とつぶやき、問題文の最初《さいしょ》にある質問《しつもん》をした。

＊荘子　古代中国の思想家《しそうか》。

この文章の中で「筆者の体験」が書かれているのは1～4段落です。ヨコ線を引いておきましょう。

前半の「体験」部分の「具体的なこと」が、後半の「考え」部分では「一期一会」や「荘子の警告」に広がっています。「具体《ぐたい》→抽《ちゅう》象《しょう》」という形をとって「読者に伝えたい考え」を説明しています。

→［　機械　］に頼《たよ》らず、［　真剣　］に見つめることが人間にとって大切である。

2 ――線②「人生を漫然とした安心感だけでやり過ごしかねなくなる」とあるが、「新聞や雑誌の切り抜き」の場合ではどのように思うことか。問題文から一続きの二文を探《さが》し、その部分の初《はじ》めと終わりの五字をぬき出して答えなさい。

初め　しかも、切

終わり　らである。

3 ――線③「機械あれば必ず機事あり、機事あれば必ず機心あり」とあるが、「機心」とはどんな心のことですか。文中から六字でぬき出しなさい。

機械に頼る心

（出題例　兵庫・神戸海星女子学院中）

本冊70ページ

次の文章を読んで、下の1～3に答えなさい。

（1）

アメリカに来て、子供たちは、週のうち五日間は、現地《げんち》のファームランド小学校にかよい、土曜日だけは、日本語学校にかようことになった。

ファームランド（農地）小学校の、シンボルマークは、校名にぴったりの、カカシ。校内のどこにも、やぶれぼうしに、つりズボンのかわいいカカシくんの人形や絵がかざってある。

校舎《こうしゃ》は、赤レンガ建《だ》てで、まわりにはりんごの木があり、リスたちが遊びまわっている。森にかこまれた校庭が、ぜんぶしばふ、というのには驚《おどろ》いた。

先生たちは、机《つくえ》にこしかけて、コーヒーカップ片手《かたて》に授業《じゅぎょう》している。

校長先生は、ドクター・ウェハーというのだが、日本の子供たちは、「ドクター・ウエハゲ」と呼《よ》ぶのだ。彼《かれ》は、ほんとうに頭のまんなかだけハゲていて、白いふわふわぼうしを、チョコンとのせて歩いている。おまけに〝おやつの時間〟まである。人形をだっこして登校する子もいる。

子供たちは、学校にすぐとけこんだ。帰ってくると、公園でフットボールや、サッカーをして、暗くなるまでよく遊んだ。

しかし一か月ほどすると、息子の淳《じゅん》が、やたら学校でケンカをする

ガイド　【　　　】をうめながら、読み進めよう。

筆者の一家はアメリカに引っ越《こ》してきました。「子供たち」は現地の学校に通い出します。

現地の学校のようすです。日本の小学校とちがう自由な雰囲気《ふんいき》に筆者はおどろいたようです。

すぐにとけこんだ「子供たち（淳）」でしたが、問題が起こります。

ようになった。淳のいらだちの原因《げんいん》は、いろいろあった。ことばの問題が、やはり大きかった。

生来、*風来気質《ふうらいきしつ》のある淳には、クラスの自由ムードが、よく合ったから、しゃべりたくて、友だちがほしくてしょうがない。しかし、周囲《しゅうい》は、チンプンカンプンの英語《えいご》のカベである。しかも、日本語は禁《きん》じられている。たまらなくなって、淳は、日本語でさけぶ。ひとりごとをいう。

彼《かれ》は、自分の話す日本語に、だれよりも自分自身が傷《きず》ついているのだった。

担任《たんにん》の、ミセス・ローリーから呼《よ》びだしがあったのは、十一月初旬《しょじゅん》のことである。教室には、彼女《かのじょ》と、イーソール（英語を話せない子供を対象《たいしょう》に英語を教えるクラス）担任《たんにん》の、ミセス・ラットクリフが、私たちを待っていた。彼女たちは、一言ずつはっきり発音しながらいう。

「ジュンは、大声で、ニホンゴをしゃべって、授業《じゅぎょう》のじゃまをする」

「ジュンは、教室から*エスケープする。ジュンは、トイレになんどもいく。私は、彼をつれもどしにいく。彼は、またエスケープする。ジュンは……」

淳は、正直な、感受性《かんじゅせい》のつよい子だということ。ほんとうは、学校が大好《だいす》きなのだということ。小さいときから、ひっこしばかりして、学校をかわったのは、これで三度目なのだということ。父親は、そういうことを、率直《そっちょく》に、先生たちに話した。そばで聞いている私《わたし》には、話している彼のもどかしさが、よくわかる。ものごとの輪郭《りんかく》を、はっきり説明《せつめい》すればするほど、英語からは、かんじんなものがぬけおちてしまう、そ

「淳」の気持ちに線を引きます。

息子の淳が学校でケンカする原因《げんいん》が書かれています。「淳の気持ち」をまとめてみよう。

→クラスにとけこみたいのに、［ 英語のカベ ］があるため、好きなように話すことができず、［いらだち］をおさえることができなくなる。

「淳」を見守る筆者と父親が先生に理解《りかい》してほしかったことをまとめてみよう。

→わがままな子供なのではなく、
［ 感受性のつよい子だという ］こと
学校がいやで教室をぬけだすのではなく、
［ 学校が大好きなのだという ］こと
引っ越《こ》しばかりして
［学校をかわったのは、これで三度目なのだという］こと

のもどかしさが。

けれど、先生たちは、深くうなずきながら、熱心《ねっしん》に話を聞いてくれた。

「ジュンは、サッカーがとてもうまい。みんなは、ジュンを自分のチームにほしいといっている。算数もよくできる」

ミセス・ローリーがいったとき、私《わたし》たちはうれしかった。

話しあいは、一時間足らずで終わった。もう、授業《じゅぎょう》のはじまる時間だった。私たちは、早朝の七時半から、学校にきていたのである。

フランス人形のような顔立ちの、スラリと美しい、ミセス・ラットクリフは、別《わか》れぎわにいった。

「私は、ギリシャや、イタリアや、いろいろの国をまわりました。小さかった息子《むすこ》は、苦労《くろう》しました。私も苦労しました」

そうか、それでこのひとは、イーソールの先生になったのだろう。きっと。

学校の前には、黄色のスクールバスが、何台もとまっている。その中の一台に乗って、うちの子供《こども》たちも、登校したはずだった。

（2）

現地校《げんちこう》で一戦構《いっせんかま》え、日本人の少年仲間《なかま》たちと何かイザコザがあり、淳《じゅん》は、傷《きず》ついて帰ってくる。おおかたの察《さつ》しはついても、私は、すこしはなれてだまって見ている。

十一歳。思春期のほんのすこし手前で、子供時代の最後《さいご》をすごしている淳には、父親が必要《ひつよう》なのだ。


ラットクリフ先生も息子が同じような経験をしていたので淳の両親の気持ちを理解《りかい》してくれています。

ケンカをした「淳」をしかったり、だれとケンカしたのか問いつめたりせず、「淳」の気持ちが落ち着くのを見守っています。

父親が帰ってきて、親子四人、夕飯《ゆうはん》の丸いテーブルをかこむ。あるいは、淳が父親といっしょに、お風呂《ふろ》に入りたがる。そういう時に、淳は、ポツリポツリと、①昼間あったいやなことの一部を、いいことや、楽しいことの中に、まぜてしゃべる。だれも何も言わないが、淳の一番痛《いた》い部分が、みんなにはわかる。

顔をはらして帰った日、淳は、だれになぐられたのか言わなかった。夕飯がすんで、外はまだ明るい。父親と息子《むすこ》は、何か相談していたが、グローブとボールを持って、どこかへ出てゆく。こういう時の淳の父親は、さり気なく、たのしそうにしている。そして、すこし汗《あせ》をかいて帰ってきた時も、さり気なく、やはりたのしそうだ。息子の方は、すっかり、塩気《しおけ》というか、湿気《しっけ》のぬけた顔をして帰ってくる。

二人でお風呂に入り、二人で子供部屋にひっこみ、ベッドの上で将棋《しょうぎ》を始める。しばらくすると、淳の、キャッキャさわぐ声にまじって、「飛車角《ひしゃかく》ぬきで、やってやってんだよ。しっかりしろよ」とか、「おまえなあ、もう、アホなケンカは買うなよなあ」と、ボソボソ言う声がきこえる。何回戦《なんかいせん》かやっているうちに、父親の方がおもしろくなり出して、そのうち夜もずいぶんおそくなる。

そして、いつも、「今夜は、宿題、せんでよろしい」ということになるのである。

息子をなぐったのは、一度か二度しかない父親である。頭から、カミナリを落としたのを見たことがない。

五歳《ごさい》にもならない小さいころに、生みの母からひきはなされ、さびし

---

1 ——線①「昼間あったいやなことの一部を、いいことや、楽しいことの中に、まぜてしゃべる」とあるが、このようにしゃべるのはなぜか。ふさわしいものを記号で答えなさい。

ア いいことや楽しいことを思い出すうちにいやなことを忘れかけてしまうから。

イ つらい気持ちを聞いてほしいが、家族に心配をかけたくない気持ちもあるから。

ウ いやなことばかりではなく、楽しいこともあったと自分に言い聞かせたいから。

［ イ ］

「淳」の気持ちが変化しています。父親の接《せっ》し方の特徴《とくちょう》に注目しながら読み進めよう。

父親の行動からどのような気持ちが読みとれるでしょうか。一見すると子供といっしょに遊ぶことが目的なのではないかと思えるようなところもあります。

父親の幼少《ようしょう》のころの事情《じじょう》が明かされ、息子への接し方には理由があったことがわかります。

い幼少年時代《ようしょうねんじだい》を過《す》ごした人である。そういう生《お》いたちが自分の息子《むすこ》を、大きく包《つつ》ませるのだろうか。

そと目には、今はやりの、核家族《かくかぞく》の、ものわかりのよい、やさしい父親ということになるのかもしれない。内側《うちがわ》にいる私《わたし》には、そうは思われない。

やさしいにはやさしいが、このやさしさは、遠くからじっと息子を見守っていた昔の父親のやさしさとは、どうも異質《いしつ》であるようだ。

息子に密着《みっちゃく》もしていない。息子からはなれてもいない。Gパンをはいて、キャッチボールをしている距離《きょり》。②相手の身体が見え、相手のボールの手のぬくもりが、わかる距離。息子と地続《じつづ》きの所に立っていて、頭の上から息子を見ない。こういう父親像は、すくなくとも、私たちの世代が持った父親ではない。

（新しい父親の姿として、筆者が読者に示した大切な部分です。）

私《わたし》たちが、学生時代のことだから、もう二十年も前のことになるが、そのころ、彼《かれ》は年中、ゲタをはいて歩いていた。Gパンにゲタばきで、ガタゴト、ズーズーと歩いていた。脚《あし》は長いくせに、足をひきずって歩くクセがあるので、カラコロと爽快《そうかい》な音は出ないのだった。学生時代以《い》来《らい》の書生気質《きしつ》は今に続《つづ》いている。淳の父親は、日本に帰っても、こんどはゲタのかわりに、ピチャパタと、ゴムぞうりなどひっかけて、授業《じゅぎょう》参観《さんかん》にも、職員室《しょくいんしつ》にも出かけてゆくだろう。

ともかく、さしあたって、わが家の父親と息子の、おたがいをたのしみあっているような、のんびりとしたつきあいを、私はおもしろくながめている。

筆者が夫《おっと》を、淳の父親としてどのように見ているかが説明されています。

↓今はやりの「ものわかりのよい、やさしい」父親ではなく、昔の父親のように「遠くからじっと息子を見守っていた」やさしさともちがう。

2 ――線②「相手の身体が見え、相手のボールの手のぬくもりが、わかる距離」について説明した次の文章の［A］・［B］にふさわしいものを記号で答えなさい。

［A］をしっかりととらえながら、息子の［B］ことができる距離で接するということ。

A　ア　息子の身体の成長
　　イ　父親に対する息子の思い
　　ウ　息子の置かれている状況《じょうきょう》
［ ウ ］

B　ア　気持ちを理解《りかい》する
　　イ　うらみをはらす
　　ウ　気分を変える
［ ア ］

先のことはわからないものだが、淳が生まれた時から、今までを見ていると、わが家の父親は、息子が大きくなるに従《したが》って、父親という立場から、じょじょに、友だちとしての比重《ひじゅう》を大きくしてきていることは、確《たし》かなようだ。

〈河野《かわの》裕子《ゆうこ》『たったこれだけの家族』〉

＊**風来**　居所《いどころ》も定まらず、ぶらぶらしていること。
＊**エスケープする**　ぬけ出す。逃《に》げる。

---

3 〰〰線「子供時代の最後をすごしている淳には、父親が必要なのだ」とあるが、筆者は淳の父親をどのような父親だと考えているか、□にふさわしいことばを、問題文から五字以内でぬき出して答えなさい。

息子を□む父親

大	き	く	包	

（出題例　東京・桐朋中）

ガイド付き 練習問題 1 解答

次の文章を読んで、下の1～5に答えなさい。

［　　　　］

村野《むらの》四郎《しろう》

花のように雲たちの衣裳《いしょう》が開く
水の反射《はんしゃ》が
あなたの裸体《らたい》に縞《しま》をつける
あなたは遂《つい》に跳《と》びだした
筋肉《きんにく》の翅《はね》で。
日に焦《こ》げた小さい蜂《はち》よ
あなたは花に向かって落ち
つき刺《さ》さるようにもぐりこんだ
軈《やが》て　あちらの花のかげから
あなたは出てくる
液体《えきたい》に濡《ぬ》れて
さも重たそうに

ガイド 「　」をうめながら、読み進めよう。

本冊86ページ

「～ように」は「　比喩　」を表します。「実際《じっさい》にあるもの」と「たとえているもの」をはっきりと分けよう。

「縞をつける」ということが現実《げんじつ》のできごととは考えられないときには「　隠喩　」ではないかと考えよう。

「水の反射」「跳びだした」などから競《きょう》技《ぎ》種目《しゅもく》の見当をつけよう。

5行目にだけ句点《くてん》があります。ということは4行目と5行目が「　倒置　」の形になり、5→4という読み方で意味を考えることになります。

7行目と9行目にまた「花」が出てきました。「花」は「　水面に映った雲　」をたとえています。

1 この詩では、「あなた」は何にたとえられているか、本文からぬき出して答えなさい。
［　蜂（はち）　］

2 2～3行目の内容《ないよう》を説明《せつめい》した次の文の［①］［②］にふさわしい組み合わせを記号で答えなさい。

水に反射《はんしゃ》した［①］があなたの体に縞模様《しまもよう》の［②］をつける。

ア ①熱 ②氷　イ ①光 ②影

ウ ①点 ②線

［ イ ］

3 5行目「筋肉の翅で。」はどこにつながっていくことばですか。「。」があることをふまえて、次のどちらか記号で答えなさい。

ア 4行目に倒置法でつながって「筋肉の翅であなたは遂に跳びだした」となる。

イ 6行目にそのままつながって「筋肉の翅で日に焦げた小さい蜂よ」となる。

［ ア ］

4 8行目「つき刺さるように」からどのように「もぐりこんだ」と考えられるか、記号で二つ答えなさい。

ア 低いところから「もぐりこんだ」

イ ゆっくりと「もぐりこんだ」

ウ 早い速度で「もぐりこんだ」

エ 高いところから「もぐりこんだ」

［ ウ・エ ］

5 この詩はあるスポーツ競技《きょうぎ》を詩に表したものです。この詩の題名にもなっているその競技名を答えなさい。

［ 飛びこみ ］

（出題例　東京・多摩大附聖ヶ丘中）

次の文章を読んで、下の1〜3に答えなさい。

1 話し合いにおいては、相手の意見と自分の意見が最終的《さいしゅうてき》に一致《いっち》しないこともよくあります。その場合、「あなたはおかしい」か「私がおかしい」かのいずれかだ、といった対立関係《かんけい》になることもありますが、それ以前《いぜん》に必要《ひつよう》なことは、

あなたの主張《しゅちょう》がわかる。

ということです。時々、相手の主張を誤解《ごかい》したままで批判《ひはん》する人がいますが、その点を防《ふせ》ぐためには、〈まずは〉「なるほどあなたはそう考えるのか」といった段階《だんかい》が必要《ひつよう》でしょう。〈また〉、「確《たし》かに〜」というように、いったんは自分の立脚点《りっきゃくてん》を離《はな》れてみることもいいことです。「あなたの言うことは、それはそれとしてよくわかる」というようにいったんは話を受け止めるわけです。そして、その上で、「あなたはこう考えるが、私《わたし》はこう考える」というように意見のちがいについて考えていくといいでしょう。その過程《かてい》で、意見がちがう理由についても考えるといいでしょう。

2 ちがう意見の人と議論《ぎろん》をするとき、①やみくもに自分の意見を主張《しゅちょう》するだけではなく、時には②自分の主張を相対化してみてみる。相手の意見を聞いて、その中におたがいが納得《なっとく》できる部分がどこかを探《さぐ》って

ガイド 【　　】をうめながら、読み進めよう。

本冊100ページ

1行で改行《かいぎょう》するということは、重要《じゅうよう》な一文だということです。

「まずは」「また」という順番《じゅんばん》ことばがあるので印《しるし》をつけ、それにつづく部分にタテ線を引いておこう。

1 ——線①「やみくもに自分の意見を主張する」とはどういうことか、記号で答えなさい。

ア 自分の考えが正しいと思いこんで自分の意見を言うこと。
イ 相手の考えとちがうと知っているのに自分の意見を言うこと。
ウ 話し合いの結論《けつろん》がわかっているのに自分の意見を言うこと。

［ ア ］

「自分の主張を相対化してみてみる」と似《に》た文頭と文末表現をしている文が、ここよりも後ろで、話題が変わる4段落までの間に出てきます。同じ内容《ないよう》をくり返していると考えられますが、「主張」や「相対化」がやさしく言いかえられていて、よりわかりやすくなっています。

みる、または、そのもとになっている考え方の中に共通点《きょうつうてん》はないかどうかを考えてみる。こうした態度《たいど》は話を進めるためにとても重要《じゅうよう》なことです。

それまでの内容まとめる「そうした」のあとは大切な部分なので線を引いておきます。

3 そうした、いわばポイント切り替《か》えの言葉として、「確かに」「なるほど」のように、もともとの自分の考えとはちがう視点《してん》をとってみることを表す表現《ひょうげん》が使えるのです。

4 〈もう一つ〉、自分を相対化するということは、人間関係にも関連《かんれん》します。自分自身を客観的《きゃっかんてき》に見る、ということは、「他人」と「私」のとらえ方にも関《かか》わるからです。

5 例《たと》えば、クラブ活動をしているときなど、自分が部長であったり、自分が技術的《ぎじゅつてき》に上手《じょうず》であるとします。すると、ほかの人がちょっと不熱心《ふねっしん》であったり、なかなか練習したりしないと、「あいつはだめだ」というように思いがちです。

6 もちろん、「熱心である」ことはいいことです。だからこそ、「私は正しい」と思ってしまいます。まさにその通りで「私は正しい」のですが、ただ、そのために、ほかの人たちとの間に溝《みぞ》ができてしまうと結果《けっか》としてクラブがまとまらないことになります。自分が正しいために、相手も私の意見を聞くはずだ、と思ってしまうわけですが、そこに落とし穴《あな》があるのです。価値観《かちかん》や事情《じじょう》は人それぞれによってちがうこともあるからです。

〈森山卓郎《もりやまたくろう》『コミュニケーションの日本語』〉

2 ――線②「自分の主張を相対化してみる」とありますが、同じ意味を表す二十三字のことばをぬき出して答えなさい。

もともとの自分の考えとはちがう視点をとってみる

「もう一つ」という順番《じゅんばん》ことばに対応《たいおう》する「一つめ」はどの部分をさしているか確認《かくにん》しておこう。

「例えば」で始まる5段落と6段落は具体例をあげて説明しています。

35～36行目「そこに落とし穴があるのです。」が筆者の「ア結論　イ結論の理由」で、「価値観や事情は人それぞれによってちがうこともあるからです」が「ア結論　イ結論の理由」です。

3 本文の後半（4段落以降《いこう》）に「確かに」「なるほど」と同じ働《はたら》きをするべつのことばがあります。五字以内でぬき出して答えなさい。

もちろん

（出題例　岡山白陵中）

ガイド付き

練習問題②　解答

次の文章を読んで、下の1～4に答えなさい。

いまではほとんど使われませんが、かつて「愛《あい》のムチ」ということばがありました。これはやさしいきびしさの典型例《てんけいれい》です。職人《しょくにん》の世界やスポーツの世界などには、あたりまえのように存在《そんざい》したやさしさのあり方だと思います。

ただし、「愛」の名を借《か》りた、※不条理《ふじょうり》な処罰《しょばつ》やうさばらしがおこなわれていたことは、容易《ようい》に想像《そうぞう》できます。ですから、「愛のムチ」を賛《さん》美《び》するつもりはありません。

けれども、やさしいきびしさを実践《じっせん》しない親や指導者《しどうしゃ》は、〝甘《あま》やかし〟と言われて、周囲《しゅうい》から非難《ひなん》されたのも事実です。だから、やさしいきびしさは、ひとを一人前にするのに不可欠《ふかけつ》な接《せっ》し方だったと考えられます。

（「一方」という対比を表すことばの前後にヨコ線を引いて、何が対比されているか目立たせよう。）

〈一方〉〝きびしいやさしさ〟は、あたらしい、現代的《げんだいてき》なやさしさです。それは、いま［　A　］ように全力をつくすことを要求《ようきゅう》します。さきほどのやさしいきびしさが、いまは傷《きず》つけるかもしれないが将来《しょうらい》を思えば仕方ないと考えるのとは、**対照的**《たいしょうてき》です。

傷つけないようにする点では、やさしいと言えます。しかし、〝絶対《ぜったい》にやさしくしないと許《ゆる》さないぞ！　もし傷つけたら、それなりの仕返し

ガイド　〔　　〕をうめながら、読み進めよう。

本冊102ページ

「ただし」「けれども」と逆接《ぎゃくせつ》の役割《やくわり》をもつことばが続きます。こういう場合、二つめの逆接の後の内容《ないよう》が重要《じゅうよう》になります。一つめの逆接によって、一度反対の立場に立つことを表します。自分の考えにも欠点《けってん》があることを認《みと》めるのです。そうすることで、自分の意見をただ説明するだけでなく、さらに強調するのです。

「一方」に印《しるし》をつけ、それぞれの立場のちがいが明確《めいかく》になるようにタテ線やヨコ線を引こう。

1　［　A　］にふさわしいことばを五字でぬき出して答えなさい。

傷	つ	け	な	い

をするからな!〟というような、きびしさが感じられるのです。

具体例《ぐたいれい》 として、「謝《あやま》るぐらいなら、最初《さいしょ》からあんなことするな!」という発言をあげます。

具体例にもヨコ線を引きます。

いまから一〇年ほどまえ、神戸《こうべ》の自宅《じたく》近くの歩道を歩いていると、女子高生たちが熱心《ねっしん》に何かを話しながら、わたしの横を通りすぎていきました。そのとき、ふと聞こえたのが「①謝るぐらいやったら、最初《さいしょ》からあんなことせんかったらええのに!」ということばでした。

だれか(A)がこの発言の主(B)に不快《ふかい》なことをしてしまい、それをAは謝罪《しゃざい》したのですが、Bには謝罪だけでは気がすまなかった、ということなのでしょう。

これを聞いて、わたしは変《へん》な感じがしました。そういうフレーズを使った覚《おぼ》えがなかったからです。わたしの世代がよく使うのは、「ごめんですむなら、警察《けいさつ》いらん」です。

筆者の考え、感想には線を引きます。

〈そして、次のようにも感じました。〉〝謝罪することになると最初からわかっていれば、AもわざわざBが不快に感じることなどしなかっただろう。どのようなことをしたら相手に不快感をあたえ、傷つけることになるか、すべてをあらかじめ知ることなどできない。だから謝罪することに意味があるのに。もし謝罪が受けいれられないなら、何もできなくなるではないか。きびしい性格《せいかく》の女の子だなあ〟と感じたのです。

この発言は、きびしい性格を持つ、この高校生だからこその発言だろうと、そのときは考えていました。

ところが数年後、三重県伊勢市《みえけんいせし》で働《はたら》くようになって、ふたたび、女

ここから具体例《ぐたいれい》の部分です。細かくみるとエピソードが二つありますが、同じような内容《ないよう》です。この部分には筆者の考え、つまり「きびしいやさしさ」に対する筆者の考えとその理由が示《しめ》されています。

2 ――線①「謝るぐらいやったら、〜せんかったらええのに」とあるが、筆者はこのことばを聞き、どのようなことを感じたか、ふさわしいものを記号で答えなさい。

ア 最近《さいきん》の若者《わかもの》の会話によって、/謝《あやま》ることの意味が変わってきたことを感じた。

イ 高校生たちのきびしい発言の中に、/相手への思いやりがあることを感じた。

ウ 初《はじ》めて聞く表現になじめないうえ、/無理《むり》なことを言っていると感じた。

[ウ]

選択肢が長いときには、それぞれ前半と後半に分けて考えよう。

子高校生が「謝《あやま》るぐらいなら、最初《さいしょ》からあんなことするな！」と話しているのを耳にしたのです。さらにしばらくして、今度は同僚《どうりょう》の先生が、おなじ発言をしていました。

こうなってくると、神戸《こうべ》でわたしが聞いた発言は、たんに彼女《かのじょ》のきびしい性格《せいかく》ゆえの発言だとは考えにくく、②ひとつの社会的ルールをあらわしていると推測《すいそく》されます。もちろん、わたしのまわりに、たまたまきびしい性格のひとがいただけ、という可能性《かのうせい》もあります。しかし、このような発言にあらわれている考え方は、若者《わかもの》を中心にすでに定着している、とわたしは感じています。

この、「謝るぐらいなら、最初からするな」という発言にあらわれた考え方こそが、〝きびしいやさしさ〟です。傷《きず》つけないようにする点で、この考え方はやさしいと言えます。［B］、そこには、〝相手を不快《ふかい》にしたり、傷つけたりしないよう、いま全力をあげて努力しろ！〟〝もしわたしを傷つけたら、許《ゆる》さないぞ〟というきびしさがうかがえます。だから、きびしいやさしさ、なのです。

〈森真一《もりしんいち》『ほんとはこわい「やさしさ社会」』〉

＊不条理　理屈《りくつ》に合わないこと。筋道《すじみち》が通らないこと。

---

3 ——線②「ひとつの社会的ルールをあらわしている」とはどういうことか、ふさわしいものを記号で答えなさい。

ア　多くの人が同じような体験《たいけん》をしていたということ。
イ　広く一般《いっぱん》に共有《きょうゆう》されている考え方であるということ。
ウ　仲間《なかま》どうしだけで通用する決まりであるということ。

［　イ　］

4 ［B］にふさわしいものを記号で答えなさい。

ア　だから　　イ　そして　　ウ　しかし

［　ウ　］

具体例《ぐたいれい》の部分をはさんだ「筆者の考えが示《しめ》された部分」を確認《かくにん》しましょう。「やさしいきびしさ」とは「きびしさ」が根本《こんぽん》に、一方の「きびしいやさしさ」は「やさしさ」が根本にあります。

（出題例　東京・成城中）

入試問題にチャレンジ 解答

1章 長文を読むときの心がまえ

（⇩p.20～21）

問1 ウ　問2 ア　問3 エ

✓チェック 問3 15行目「胸につっかえていたものが、とれた」をさかいに、手術に対する不安《ふあん》が吹《ふ》きはらわれ、「アッくん」の不安をのぞき、はげますために何でもしてやりたいという気持ちに変わります。

2章 物語文の読解

（⇩p.38～41）

問1 イ　問2 ア　問3 イ

✓チェック 問2「静かな気持ち」とは、これといって特別《とくべつ》な感情《かんじょう》がわかないことで、選択肢イ「不快な気持ち」ウ「気まずく」エ「満足」は適切ではありません。

3章 説明文の読解

（⇩p.58～61）

問1

1 スギやヒノキを植林した森の手入れが行き届かない状況

2 竹林が拡大し、森を侵食している状況

3 人が森に手を入れなくなったこと

問2 (1) 原始の森　(2) 里山

問3 たとえば採（51行目）

✓チェック 問3 設問文《せつもんぶん》の「具体的なようす」から、具体例《ぐたいれい》をあげるためのつなぎことば「たとえば」が答えを見つけるヒントとなります。

4章 随筆文の読解

（⇩p.76～79）

問1 こんなに度　問2 ウ　問3 イ

✓チェック 問2 32～34行目から、「災害予防策」をたてたとしても、という論の展開《てんかい》になっていて、選択《せんたく》肢アはこの点で適切《てきせつ》ではありません。

5章 詩の読解

（⇩p.88～89）

問1 エ　問2 9　問3 エ　問4 エ　問5 5・6

✓チェック 作者は、自分の生活ぶりと「虫けら」の存在とを重ね合わせ、「虫けら」に親近感をいだいています。

6章 問題を解くときの心がまえ

（⇩p.106～109）

問1 イ　問2 ア　問3 ウ

問4 自然を克服することではなく、自然と共存

✓チェック 問2 52行目に「ぼく自身が自然の一員に加わっていく過程だった」とあります。これが――線中の「人間の自然化」で、これにもっとも近いのは選択肢アの「人間は自然の一部だと実感できる」でしょう。